谨以此书献给天下所有不甘于平凡的人们

谎言像一朵盛开的罂粟花，外表美丽，生命短暂；一个人不被戳穿的秘诀就是永远不要说谎。

塑造实实在在的最受企业欢迎的优秀员工！

老板想对员工说的

赵 琦◎编著

洞悉老板所想，提供企业之需；
发挥自身优势，书写辉煌人生。

中国言实出版社

图书在版编目(CIP)数据

老板想对员工说的/赵琦编著.
—北京:中国言实出版社,2010.10
ISBN 978-7-80250-338-0

Ⅰ.①老…
Ⅱ.①赵…
Ⅲ.①企业领导学
Ⅳ.①F272.91

中国版本图书馆 CIP 数据核字(2010)第 166320 号

出版发行 中国言实出版社
地　址:北京市朝阳区北苑路 180 号加利大厦 5 号楼 105 室
邮　编:100101
电　话:64924716(发行部)　64963101(邮　购)
　　64924880(总编室)　64914138(四编部)
网　址:www.zgyscbs.cn
E-mail:zgyscbs@263.net

经　　销 新华书店
印　　刷 北京市德美印刷厂
版　　次 2011 年 1 月第 1 版　2011 年 1 月第 1 次印刷
规　　格 710 毫米×1000 毫米　1/16　15 印张
字　　数 200 千字
定　　价 29.80 元　ISBN 978-7-80250-338-0/F·316

前言

Preface

我国社会经济的发展，彻底改变了企业与员工关系，老板和员工，早已不再是马克思所描写的那种剥削和被剥削、压迫和被压迫的单纯对立关系，而是一种风雨同担、荣辱相依、利益共享的相依相存关系。对老板而言，公司的生存和发展需要员工的忠诚、敬业和服从；对员工来说，需要的是丰厚的物质报酬和精神上的成就感。老板需要员工的才智和劳动才能发展自己的事业，而员工需要老板的企业平台才能实现自己的人生价值。企业的成功意味着老板的成功，也意味着员工的成功。只有老板成功了，员工才能成功，老板和员工之间常常是“一荣俱荣、一损俱损”。从这个意义上来说，企业是老板的，但同时也是员工的，老板与员工并非总是对立关系，而是在同一条船上，为着共同的利益而奋斗，只不过分工不一样——老板是船长，而员工是水手。

作为老板，最大的希望莫过于能像刘备得诸葛亮一样，得到忠诚敬业、勤奋主动、负责服从、鞠躬尽瘁的员工；最梦寐以求的莫过于能拥有一支素质高能力强、能与企业荣辱与共、同舟共济的员工队伍；而与员工亦亲亦友、如兄如弟的亲密关系，则是老板心中最理想化的管理模式了。因为老板明白，企业的发展和壮大离不开员工，员工才是企业的第一资源，员工才是老板最大的资本，员工才是决定企业命运和老板事业的关键。所以，现代老板对员工，更多的是温情，是尊重，是关心。

本书正是一个如父兄般的老板，对员工倾心相告亲切私语的知心话。

老板需要什么样的员工？老板最欣赏什么样的员工？老板最信任什么样的员工？老板最期望员工怎么做？员工怎样做最能得到老板的青睐和重用？书中都一一作了回答。

本书以一个老板的口吻，全面阐述了做一个老板欣赏和重用的员工必须要做到的忠诚、敬业、负责、主动、勤奋、能干、节俭等方面品质的修炼，深入解析了老板为什么会信任忠诚的人、奖励敬业的人、重用负责的人、器重能干的人、欣赏主动的人、回报勤奋的人、赞美节俭的人的原因，详细探讨了如何让自己修炼成一个受老板欣赏、重用和信任的员工的方法和途径，并对员工的职业形象修炼和工作习惯的养成提出具体的忠告。书中没有半句枯燥的说教，而是寓高深的道理于浅显的故事之中，情感真挚，语气亲切，把老板对员工的普遍要求和殷切期望融入喁喁私语之中，从老板的角度为员工指出了一条获得重用的大道。

本书是老板对员工的殷殷期望，是老板对员工的贴心指导，也是老板对员工的知心私语。读懂了，读通了，你就会成为老板最欣赏、最信任、最青睐、最器重的重量级员工，你的事业将一帆风顺，你的前途将一片光明！

目 录

Contents

第一章 忠诚一点,我的信任只会来自于你的忠诚

如果你是老板,你凭什么信任你的员工?我相信你也一定会说:凭忠诚。是的,只有忠诚。忠诚是信任的基础,忠诚是重用的前提。一个不忠诚的员工,即使他有通天的才华和傲世的智慧,也不可能得到老板的信任。老板的信任只会来自于你的忠诚,你是忠诚的,才是老板信任的。

第二章 敬业一点,为企业工作也是为自己打拼

企业是老板的,也是员工的,企业的利益是老板的利益,也是员工的利益。不要总是认为在为我打工,为企业打工。工作其实是为你自己干的,为自己的生活,自己的未来,自己的梦想……所以,敬业一些,努力一些,和我一起,共同

第四章 能干一点，你的能力才能体现你的价值

能力第一，是职场的铁律。没有能力，没有业绩，就算你再怎么勤奋、怎么忠诚、怎么肯干，也没有用——因为你再肯干也干不了什么，老板是不会看重这样的员工的。是金子就让它闪光，有能力就大胆展现，越能干越能得到欣赏，越能担当重任，越不可替代，那么，你为什么不能能干一点再能干一点更能干一点呢？

第五章 自觉一点，不必事事都要等交待后才做

自觉不自觉、主动不主动、积极不积极，是在幼儿园里就已经明白的区分一个人是否优秀的标准之一，现在以至未来，这个标准依然有效。像算盘珠子一样拨一下动一下，是永远也不可能受到青睐得到欣赏的。所以，自觉一点，不必什么事都要等交待后再做。有些事，不必交待，更不必等待，要主动去做，积极去做，马上去做才行！

第六章 勤奋一点,有付出才有回报

勤奋是每一个老板都欣赏的品质,因为一勤天下无难事,勤能补拙,勤能弥弱,勤能助智,勤能精业……勤奋的人做什么事都能成功,做什么事都能做到最好。勤奋的人不怕付出,而是甘心付出乐意付出,只要能把工作做好,付出多少汗水也都愿意。勤奋的品质最能得到老板的赞赏和肯定,有付出就有回报,老板不会忘记你的汗水。

第七章 节俭一点,为企业节约就是为自己加薪

节俭是美德,更是责任。老板最看不惯的就是浪费,最害怕的也是浪费。如果你们都不节俭,就算工作再怎么努力,企业的财富也一样会如漏斗积水,终归成空。所以,节俭一点,省下的都是赚到的,每一分都有你们的份,集腋成裘,积少成多,为企业增利润,也是在为你自己加薪。

第八章 得体一点，你的职业形象能为你加分

你的职业形象决定你的职业命运——这决不是夸大其辞或是危言耸听，事实本来如此。一个着装得体、礼仪合度、举止端庄、精神清爽的人，绝对比一个形象邋遢、萎靡不振的人更受到客户的欢迎和老板的欣赏。所以，打造一个精明能干、成熟得体的职业形象，能为你的职场晋升加分。

第九章 注意一点，别让坏习惯毁了你

习惯的力量顽固而强大，好习惯坏习惯都是。良好的习惯对于工作和生活都大有裨益，可以成为你前进的助力器；而一些看似无伤大雅、无关紧要的坏习惯，比如发牢骚、做事拖拉却往往最能毁掉一个人的机会和前程。所以，注意一点，养成好习惯，改掉坏习惯，才能让自己一路顺风，直上青云。

第一章　忠诚一点，我的信任只会来自于你的忠诚

如果你是老板，你凭什么信任你的员工？我相信你也一定会说：凭忠诚。是的，只有忠诚。忠诚是信任的基础，忠诚是重用的前提。一个不忠诚的员工，即使他有通天的才华和傲世的智慧，也不可能得到老板的信任。老板的信任只会来自于你的忠诚，你是忠诚的，才是老板信任的。

1.忠诚是员工的职业灵魂

忠诚是什么?忠诚是一个人的处世之本,是一个员工的立业之魂。如果缺失了忠诚,一个人就失去了在这个世界上生存的根本,一个员工就失去了在职场上纵横驰聘的权利,从这个意义上而言,忠诚比能力更重要,比智慧更珍贵,比所有财富和名利都更有价值。这不仅仅是从逻辑上的推断,也是被无数事实验证过的真理。

1933年,正当经济危机在美国蔓延之时,哈理逊纺织公司因一场大火几乎化为灰烬。3000名员工悲观地回到家,等待董事长宣布破产和失业风暴的来临。可不久他们收到了公司向全体员工支薪一个月的通知。

一个月后,正当他们为下个月发愁时,他们又收到了一个月的工资。在失业席卷全国,人人生计无着之时,能得到如此照顾,员工们感激万分。

于是,他们纷纷涌向公司,自发清理废墟,擦洗机器,员工们使出浑身解数,日夜不停地卖力工作,恨不得一天干25个小时。三个月后,公司重新运转起来。当地报纸惊呼:企业对员工的忠诚换来的是员工对企业的忠诚,这是忠诚创造出的奇迹!

是的,忠诚可以创造奇迹!忠诚远远比能力更重要,比智慧更珍贵!特别是在今天,企业的命运与员工息息相关的时候,员工的忠诚比任何时候都更能显现出价值。任何一家企业都不会欢迎朝三暮四、见异思迁的人加入,他们希望得到的,是那些矢志不渝、忠诚不二、能够把企业当成自己的家,把企业的事业当成自己的事业的人。因而他们选人用人时最重要的考核标准之一就是“是否忠诚”,如果缺失了这一条,纵然你有通天的才华,也绝不会招至他们的青睐!

在针对许多著名企业家的一项调查中，当问到“您认为员工最应该具备的品质是什么”时，他们几乎无一例外地都选择了“忠诚”。可见所有的老板最看重的品质，就是忠诚。因为忠诚是职场中最应该值得重视的美德，因为只有忠诚的人才值得信任，才可以托付，可以放心，可以重用。

所以，不论是大老板还是小老板，都把忠诚作为选人用人的第一标准，世界顶级企业的 CEO 也不例外，都把忠诚作为企业文化中的重要组成部分，首先选拔忠诚的人。

朗讯 CEO 鲁索说：“我相信忠诚的价值，对企业的忠诚是对家庭忠诚的延续，我从柯达重回朗讯，承担拯救朗讯的重任，这是我对企业的一份忠诚。我一直把唤起员工对企业的忠诚作为自己努力的目标。”

忠诚是员工最基本的职业素养，是个人的职业灵魂！忠诚敬业既是公司的需要，也是老板的需要，但更是自己的需要。一个对企业绝对忠诚的好员工还会获取更多的机会。一个成功学家说：“如果你是忠诚的，你就是成功的。”作为一名员工，你的忠诚对于你自己而言，就是你成功的通行证。

如果就表面而言，刘菲绝对不是那种可以在职场上纵横驰骋、笑傲群英的职场丽人，因为她原本就长相一般，学历也不高，而且刚工作时她不过是在一家房地产公司做一个打字员。但是，短短五年间，她却奇迹般地成为了一家极具潜力的大公司的CEO，这其中的秘密，让许多人大费思索。但刘菲只用轻轻的一句话就把这个秘密说得清清楚楚——“忠诚一点，用功一点”。

五年前，她在一家房地产公司做电脑打字员。一开始她其实就表现出来了她的忠诚和敬业精神。她处处为公司打算，打印纸都不舍得浪费一张，如果不是紧要的文件，她会把一张打印纸两面用。她的打字室与老板的办公室之间只隔着一块大玻璃，老板的举止她只要愿意就可以看得清清楚楚。但她很少向那边多看一眼，因为她的工作本来就多，她知道工作认真刻苦是她唯一可以和别人一争长短的资本，不努力可不行。就算是有一点空闲，她也不会用来东张西望，她要学习，她快速弥补自己知识和能力的不足，这样才能在人才济济的公司立下脚跟。

一年后，公司资金运作困难，员工工资开始告急，人们纷纷跳槽，只有她没有想过要离开。最后总经理办公室工作人员就剩下她一个人了。人少了，刘菲的工作量也陡然加重，除了打字还要接听电话，为老板整理文件。但老板好像已经失去了所有的信心，一天一天关在办公室里，萎靡不振。有一天她走进老板的办公室，直截了当地问老板："您认为您的公司已经垮了吗？"老板很惊讶，说："没有！""既然没有，您就不应该这样消沉。现在的情况确实不好，可很多公司都面临着同样的问题，并非只有我们一家。虽然您的2000万美元砸在了工程上，成了一笔死钱，可公司没有全死呀！我们不是还有一个公寓项目吗？只要好好做，这个项目就可以成为公司重整旗鼓的开始。"说完她拿出了那个项目的策划方案。老板看了详细的方案，大为惊讶，同时也开始对重振公司有了信心。

很快，刘菲被派去负责那个项目。3个月后，那片位置不算好的公寓全部先期售出，刘菲为公司拿到了5000万美元的支票，公司终于有了起色。

以后的几年内，刘菲作为公司的副总经理，帮着老板做了好几个大项目，并成功地帮助公司改制，老板当上了董事长，她也成为了新公司第一任总经理，为了报答她对公司的忠诚和贡献，老板还给了她相应的股份。

在庆典酒会上，老板请刘菲为在场的数百名员工讲几句话。刘菲说："当我们进了一家公司时，就要对它忠诚；当你踏上工作岗位时，就一定要用功。我要说的只有两点：忠诚一点，用功一点，你们谁都可以成功。"

忠诚比一切珍贵的品质都更重要。在这个任何人都越来越无法脱离组织和团队的社会上，一个人没有忠诚是无法生存下去的。一个丧失忠诚的人，不仅丧失了机会、丧失了做人的尊严，更丧失了安身立命之本。

某公司销售部汪经理和高层发生意见分歧，双方一直未能达成共识，为此，汪经理耿耿于怀，准备跳槽到另一家竞争对手公司。汪经理一方面是出于私愤，另一方面是为了向未来的"主子"表忠，便想尽一切办法把公司的机密文件和客户电话全部打电话或传真给各市场经销商，使得市场乱成一团，并引发了很多市场纠纷，从各地市场打来的电话几乎将公司电话打爆。这还不算，他还打电话给当地工商、税务，说公司的账目有问题，虽然最后查证无此嫌疑，但却给公司带来了很大的伤害。

当汪经理带着满意的"成果"去向竞争对手公司邀功请赏时，没想到热屁股遇上了冷板凳，未来主子见汪经理是这般对待老东家，便开始担心：谁知道他以后又会不会如法炮制对待自己的公司呢？身边有这样的一个人，不就像是埋下了一个随时可能爆炸的定时炸弹吗？谁还敢用？结果自然是没有录用他。

忠于公司、忠于老板，也就是忠于自己；背叛公司、背叛老板，也就意味着背叛自己。一个不忠诚的员工即使才华横溢也不会成功，因为他无法得到老板的信任。

忠诚是一条双行道，付出一份真诚，你将收获一份信任。不管你的能力是强是弱，一定要具备忠诚的品德。只要你真正表现出对公司的忠诚，你就能得到老板的信任。他也会乐意在你身上投资，给你培训的机会，从而提高你的能力，因为他认为你是值得他信赖和培养的。

所以，要想让老板信任你，首先你要拿出你的忠诚来，因为老板要重用你，首先必须信任你才行，要得到老板的信任，你必须具有忠诚的品质，老板的信任只会来自于你的忠诚！

2. 忠诚比能力更重要,比智慧更珍贵

在老板们的眼里,忠诚甚于能力,甚于智慧,更甚于一切。忠诚才是他们选择员工的唯一标准。“我们需要忠诚的员工”这是所有老板的共同心声。

“如果想进入公司,请拿出你的忠诚来。”这是每一个进入日本索尼公司的应聘者听到的第一句话,这也是索尼公司选人用人的标准。索尼公司认为:一个不忠于公司的人,即便再有能力,也不能录用,因为他可能为公司带来比能力平庸者更大的破坏,索尼公司不喜欢“叛徒”。

其实何止是索尼公司,又有哪个组织和企业会喜欢“叛徒”,选用不忠诚的员工呢?

比尔·盖茨在优秀员工的10条准则里,把忠诚排在必须具备的美德的首位。微软公司非常重视员工的忠诚度,因为微软认为忠诚比智慧重要得多——要招聘一位技术超群的软件人才并不难,可是要真正拥有一位忠诚又能干的软件人才却并不容易。所以,微软在招聘时就严格规定了忠诚的标准,不忠诚的员工即使再能干,也绝不能进入微软。也正因为如此,微软员工的忠诚度一直很可观,数据显示,微软的人才流动是工厂业中最低的,这就是微软员工忠诚度的最好证明。

任何一个老板都希望他的员工是忠诚的,他们只会重用那些对公司忠诚的人,而会把那些对公司不忠诚的人拒之门外,哪怕他们非常有才华。在卢志丹《作为决定地位》一书里,有一个“人人喊打的‘海归’双博士”案例,就很容易说明这个问题。

这位海归先生,因为同时拥有牛津大学法律专业和哈佛大学管理专业双重博士学位,回到国内,便成为人才市场上的一个十分抢手的“香饽饽”。

先在北京中关村一家世界知名的计算机公司担任海外部市场总监。但是，工作还不到半年，他被重利诱惑，向该公司的海外竞争对手出卖了公司市场开发机密。将出卖机密的款项揣入腰包后，“海归”先生便拍屁股南下广州，跳槽到一家制药企业，担任策划总监。

半年不到，他听说位于广州的另一家制药企业的待遇更高，便以自己握有重要的新药开发资料为诱饵，让那家公司聘用他。其实，新雇主看中的是他手中的新药开发资料，而不是他这个“双博士”的身份，谁知道这个毫无忠诚信义可言的人，以后会不会又用同样的方法来对待自己。当资料弄到手后，新雇主找了个借口，毫不犹豫地将他“踹”出了门。

凭着“海归”、“双博士”的身份，不久他又被一家电信公司高薪聘用，让他做总裁。但是，不到一年时间，他把这家公司的骨干人马拉出来，另立门户，自己做起老板来。遗憾的是，在残酷的市场竞争中，他的企业很快就被淹没，把所有的老本都赔上了。

他不得不再次去给别人打工。

他一共去过 15 家企业，也先后背叛或出卖了 15 家企业。由于这“能人”每到一家企业总是担任高层主管，所以他的每次背叛或出卖都给原雇主造成了极其严重的损失。他因此而引起了业界的普遍注目，被多个行业的知名企业列入绝不聘用的“黑名单”。如今，他空有两张博士文凭，竟然找不到一份像样的工作！

一个人再有能力和智慧，如果缺乏忠诚，也没有人敢用他，他也不可能取得成功。就算是“海归”、“双博士”又如何？就算是才华冲天智慧傲地又如何？没有忠诚，缺失了忠诚之心，到头来终归是一场空。只有建立在忠诚之上的智慧，才是可以相信的智慧；也只有建立在忠诚之上的能力,才是真正可以为企业带来价值、也为自己带来未来的能力。这位博士用他的亲身经历为我们每一个职场人上了最生动的一课。

比尔·盖茨曾发出过这样的感叹:"这个社会不缺乏有能力有智慧的人,缺的是既有能力又忠诚的人。相比而言,员工的忠诚对于一个企业来说更重要,因为智慧和能力并不代表一个人的品质,对企业来说,忠诚比智慧更有价值。"

> 当年盖茨手下一员干将就曾中途跳槽到了谷歌。我们在这里无意说其是一个不忠诚的人,但不管怎么说他中途跳槽离开微软加盟到竞争对手 Google 的行为都是有违本人承诺及相关约束的不规则跳槽行为。这位得力干将跳槽到 Google 的同一天,微软就向美国华盛顿州地方法院提起诉讼,指控 Google 和他违反了竞业禁止协议。微软甚至指出,当他还在领微软薪水的时候,把自己为微软写的一份有关中国市场的报告发送给了 Google,并向 Google 推荐在中国的其他招募人选。美法院对此已经做了正式判决:这位得力干将可以正式到 Google 上任,但只允许他做一些跟人事、招聘方面有关的工作,不能做涉及技术层面的工作。其实对这位得力干将的行为已经做出了明确的、公正的限制。对此他并没有提出上诉,可见是接受了的。

比尔·盖茨的感叹也许正是有感而发,也未可知。

但是,绝对的,一个人能力再强,如果没有忠诚的品格支撑,他是不会得到信任、受到青睐和重用的。最终只能玩火自焚,毁了自己。

> 一家很有名的图书销售公司开始筹建自己的图书数据库开发和网上营销工作,他们投入了巨大的人力、物力和财力。作为这个项目技术总监的丁克全权负责这个项目的开发工作,公司也给予他很高的报酬。
>
> 两年来,项目进行得并不是很顺利,现在到了最关键的时候,如果技术关键问题解决了,这个项目将为公司开辟新的市

场。恰恰就在这个时候，丁克提出要辞职，除非公司给他开出更高的薪水。其实，这家公司给他的已经是业内最高的薪酬了，可是他还不满足，还以辞职并带走这个公司开发研究的全部成果为要挟。这意味着，他用公司的钱来进行开发研究，而当项目将近完全可以收益的时候，他就走人，公司前期的所有投入将会一无所得。如果他把已经取得的研究成果卖给竞争对手，那么公司的损失将会更惨重！

尽管丁克作为技术总监，具有很好的开发研究能力，而且这家有名的图书销售公司也不是没有能力开出更高的薪水，但是对这样一个不负责任、关键时刻要挟公司、随时可能背叛公司出卖公司利益的人，留下他只是留下隐患和危机，谁知道他什么时候还会变本加厉地索要呢？

最终，公司决定，终止和丁克的一切合同，并且按合同约定的条约，丁克不仅不能带走项目的半点资料，不能泄漏有关技术开发方面的半点机密，而且在三年之内，不能从事任何与他主持开发的这个项目有关的任何工作。同时，因为是丁克违约在先，公司不承担与他解除合约的任何赔偿。丁克是偷鸡不成反蚀一把米，只好灰溜溜地离开了。

与智慧和能力比起来，忠诚和负责更加重要！丁克是聪明一世，糊涂了这一时，怎么不明白忠诚对于一个职业人的意义有多大呢？和智慧能力比起来，很显然，忠诚更有价值。所以，很多企业宁愿用一个十分忠诚七分能力的人，也不愿意用一个七分忠诚十分能力的人。

员工的忠诚是企业的无价之宝，每个公司的发展和壮大都是靠员工的忠诚来支撑的。没有一批忠诚的员工，再大再强的公司也会垮掉。那些忠诚于企业、忠诚于老板的员工，才是企业发展最有力的基石，是企业面对困难时最坚强的后盾。有能力又忠诚的员工是企业的“精品”，忠诚而能力稍差的员工是“可用品”，有能力而无忠诚的员工则是企业的“危险品”，说不准什么时候就会带来损失，老板怎么敢信任这样的员工，把公司大任交给他呢？

忠诚高于能力，高于智慧，高于一切优点。有一个企业老板说得好：“我的员工可以没有技术，也可以不聪明，也可以不专业，但绝对不可以不忠诚，因为技术可以学来，笨拙可以靠勤奋补，不专业可以培训，忠诚却是用什么也换不回来的比金子还珍贵的品质。如果没有忠诚，我凭什么给他信任？他又怎么可以让我放心？”

作为企业员工，不管你是否优秀，如果你渴望成功，渴望被委以重任，获得梦寐以求的广阔舞台，就应当抛开自己的“外骛之心”投入自己的忠诚。当你把身心彻底融入公司，尽职尽责，处处为公司着想，理解老板的苦衷，从不抱怨，兢兢业业地工作，那么，你就会成为一个值得信赖的、一个可以被委以重任的人，必然从平庸走向了优秀，从优秀走向了卓越，成就自己的辉煌人生，成为最好的员工。年轻的马越就是一个很好的例子。

大专毕业的马越在两个月前作为一名推销员被招聘进来。尽管试用期的工资不高，可马越却从不抱怨。与他一起进公司的几个人每天不是发着牢骚、硬着头皮去完成销售定额，就是像很多同事没事时那样总是爱上网闲逛。马越从不这样，他每天早出晚归，跑市场、拉客户，一有时间就和客户谈论公司的前途和美好的未来。他关心客户，因为他觉得能否使客户满意，对于公司业务的拓展和巩固市场地位具有重要意义。他会适时地给客户一份小礼物，及时地解决客户提出的一切问题——尽管有些问题很难解决，但他还是积极地争取做到使客户满意。人们都认为马越这样做已经超出了推销员的本职工作，都笑他蛮干、傻干。马越毫不在意，依旧积极热情地去做。

很快，马越的高绩效——连续几个月位居公司销售额的榜首——引起了老板的注意，并破格提拔他为销售主管。马越上任的第一天就把所有的销售员召集在一起，他说：“很多人问我何以只用7个月的时间就做到了主管的位置上，现在我告诉你们——那就是忠诚和敬业。可能你们会觉得这是老掉牙的论调，但是请记住，营销的成功靠的是心灵的力量，而忠诚敬业是这一力量的源头。”

出色的业绩离不开忠诚的扶助，就像鱼儿离不开水一样自然。美国专家通过对几十名成功者的研究发现，在决定事业成功的诸多因素中，一个人能力的大小、知识的多少占了20%，技能占了40%，态度也仅占到40%，而忠诚必须要占到100%才行。由此他们认为忠诚是获得成功的唯一途径，是自我价值的创造和实现，它使你成为企业真正需要的人。

踏踏实实做事，在心中有忠诚奉献的意识，并能付诸行动的人，即使他本来才智平庸，也会在磨练中不断进步，当他能力达到一定程度的时候，也必将得到老板的赏识；而对公司没有归属感，总想着跳槽的人，其神思必定恍惚，其用心必定不专，即使他能力很强，也很难发挥一二，这样的人，当然也不会得到老板的信任。

某公司有一个职员，曾经是一个神童，5岁就写了万行长诗，10岁写了长篇小说。他18岁时放弃读书，跟着一个表叔做生意。19岁时，他把表叔一个办事处的货款占为己有，几乎让表叔破产。他美其名曰：“借。”他卷款潜逃时，还留了一张借条。他用这笔钱与人合伙做生意，赚到钱时，想甩掉合伙人，结果甩出官司，官司打下来，生意也没有了。

为了东山再起，他又到一个大企业上班，做销售经理，故技重演，再次卷款潜逃。这次也算幸运，他依然没有受到法律的惩罚。但他却一直过着逃亡式的生活，钱挥霍光了，身体也被逃亡折磨垮了。

他的表叔可怜他，将他推荐到朋友的那个集团公司，做某分公司总经理。总经理见他确实是个人才，他思维非常敏捷，富有创意，常常提出匪夷所思却又情理之中的提案，很受总经理的器重。他进公司不到一个月，竟然就靠着灵活的脑袋和好口才笼络了一批信徒。他们这帮人的人生哲学是："聪明人的钞票，暂时放在笨人口袋里。"这话从财富学角度来说，是颇有道理的。但是他们从笨人口袋里取钱时，却采取了"侵占"的手段。

不久，他变着名目，把分公司的钱转了30万元在他自己户头上。不过，这回他的动作慢了一步，就在他准备溜走的头天晚上，民警站在了他的门口。

现在，他还蹲在监狱里。

可见，忠诚真的是比能力更重要。能力可以学习提高，而忠诚却是一个人的基本品行和道德，是处世为人的根本、是一职业的灵魂。也是职场的通行证。没有忠诚，再有能力再有才华再有智慧，也一样会被挡在职场之外，禁止进入。

3.我的信任只会来自于你的忠诚

要是你问老板最信任谁，相信95%以上的老板都会选择"信任忠诚的人"，而不是自己最亲近的人或是自己的亲人，有时甚至信任一个和自己根本没有任何关系的人，就因为这个人有忠诚的品质。所以有时候可以说，老板信任的是忠诚的品质，而并不是某个人，所以就算他是敌人也可以值得信任。

克里丹·斯特是美国一家电子公司很出名的工程师。这家电子公司只是一个小公司，时刻面临着规模较大的比利孚电子公司的压力，处境很艰难。

有一天，比利孚电子公司的技术部经理邀斯特共进晚餐。在饭桌上，这位经理问斯特："只要你把公司里最新产品的数据资料给我，我会给你很好的回报，怎么样？"

一向温和的斯特一下子就愤怒了:“不要再说了!我的公司虽然效益不好,处境艰难,但我决不会出卖我的良心做这种见不得人的事,我不会答应你的任何要求。”

“好,好,好。”这位经理不但没生气,反而颇为欣赏地拍拍斯特的肩膀说:“这事儿当我没说过。来,干杯!”

不久,发生了令斯特很难过的事,他所在的公司因经营不善而破产。斯特失业了,一时又很难找到工作,只好在家里等待机会。没过几天,他突然接到比利孚公司总裁的电话,请他去一趟总裁办公室。

斯特百思不得其解,不知“老对手”公司找他什么事。

他疑惑地来到比利孚公司,出乎意料的是,比利孚公司总裁热情地接待了他,并且拿出一张非常正规的大红聘书——请斯特去公司做技术部经理。

斯特惊呆了,喃喃地问:“你为什么这样相信我?”

总裁哈哈一笑说:“原来的技术部经理退休了,他向我说起了那件事并特别推荐你。小伙子,你的技术水平是出了名的,你的忠诚和正直更让我佩服,你是值得我信任的那种人!”

忠诚是信任的前提,没有忠诚就不可能有信任。什么叫心腹?凡是托付给你的事情对方感到很安全,你一定可以全力以赴,一定会百折不挠,一定会坚韧不拔,最起码把事情搞定,这叫心腹。很多人答应得好好的,过后两手一摊以万种理由推托,最终事情没有做成,这种人怎么能叫心腹?什么事要么不答应,答应了一定要做成,如果实在因为你遭遇了不可抗力没有做成,你一定是不让对方失望的。这就是忠诚这种品质的巨大力量,也是信任之所以只能来自于忠诚的重要原因。

企业中还流传一种说法:有能力也忠诚于企业的人是“上品”;没能力但忠诚于企业的是“可用品”;有能力但不忠诚于企业的然是“毒品”。“毒品”当然是有害的,大家都避之不及的,这样的人,如何可以得到老板的信任？能力越强，对企业毒害越深，避之不及，还谈什么信任！

只有那些始终忠于职守的人才堪信任，这样的人是任何一个公司、任何一个老板都最需要的。如果你拥有了这些品质，那么无论你在任何地方都会得到老板的信任 。

有一个公司老板聘用了一个年轻人做自己的司机，年轻人只领取属于自己的那一份酬金。而可贵的是，这个年轻人并不满足于此，还经常为老板寄发一些信件，处理一些手头上的问题。这样一来，他对公司的一些业务也了解了很多。特别是老板的一些机密，公司的一些机密，他都知道得不少。

有一次，公司要合并一定外省的企业，老板也带着这位司机去了。对方迫切地想卖出，但又不甘心出价太低，就想探探风。于是约了这位司机去酒楼谈，并当即塞给他 15 万元，只不过是打听一下底线。如果司机能帮忙保成这件事的话，对方还愿意拿 30 万元给他。

这位司机的年薪大约是 5 万元。这一下子就可以得到这么多钱，相信谁都可能会动心。但是，很出乎对方厂长的意料，司机断机拒绝了。

老板后来知道了这件事，很为这个年轻人的忠诚感动，开始着力培养他，使他的能力不断提高。几年之后，老板提升他为行政经理。

忠诚胜于能力，胜于一切。即使你有专家级别的技能，如果缺乏忠诚，那会给企业带来什么？作为老板，敢信任你吗？敢将重大的项目交给你去办吗？就算你只是一名司机，可是，你忠诚敬业、善于学习，老板又有什么理由不让你出人头地呢？

“我们需要忠诚的员工。”这是所有老板的共同心声。因为他们知道，员工的不忠诚会给企业带来什么。所以，记住，要想得到老板的信任，请首先拿出你的忠诚！

4. 没有借口地服从，认认真真地执行

不论是大老板还是小老板，我们都可以轻松地发现他们一个显著的共同点——喜欢下属“听话”。“听话”似乎是很俗的一个词，其真实的意思也就是员工对老板的绝对服从和认真执行。这也是老板非常看重的一个方面，也是员工忠诚最直观的证明。试想，一个连老板的话都不愿听的人，对老板的忠诚从何谈起？

所以，一个忠诚的员工，一定是一个听话的员工，一个认真服从并认真执行的员工，不找任何借口，不提任何条件，把每一件任务都完美地执行的员工。当然，他的就是老板信任和器重的员工，也是最能做出业绩来的员工。

服从是一种美德，是员工职业精神的精髓。没有服从就没有一切，所谓的创造性、主观能动性等都在服从的基础上成立，否则上司再好的思想也推广不开，也就没有了价值。这样的员工，没有哪个老板有意留下他。

福特汽车的创始人亨利·福特，在制造著名的 V8 汽车时，明确指出要造一个内附 8 个汽缸的引擎，并指示手下的工程师马上着手设计。然而其中有一个工程师认为要在一个引擎中设 8 个汽缸是不可能的。他对福特说：“这简直是天方夜谭！以我多年的经验来看，这是绝对不可能的事，我愿意和您打赌，如果谁能设计出来，我宁愿放弃一年的薪水。”福特先生应了他的赌约。

后来，其他工程师通过对世界范围的汽车引擎资料的搜集、整理和精心设计，结果奇迹出现了，不但成功设计出 8 个汽缸的引擎，且还正式生产出来了。

那个工程师对福特说：“我愿意履行自己的约定，放弃一年的薪水。”这时，福特严肃地对他说：“不用了，你可以领走你的薪

水，但看来你并不适合在福特公司工作了。”

不能服从，何谈执行？就像这位工程师一样，不想服从，还找了一个借口“不可能”，让自己一开始就对上司的命令产生了怀疑和抵触，他又怎么会竭尽全力地去执行呢？不执行，那再怎么好的决策和创意也不过是一纸空，有什么用？找借口其实就是一种恶习，一旦染上，上班迟到早退、工作失误、业绩不佳都会被你安上“冠冕堂皇”的借口。如果不及时改正，“雪球”将越滚越大，以至于你的工作将永远无法做到出色，成功女神的拥抱永远不会对你敞开。

不找借口的人就不一样了，他们不去想任何与执行命令和完成任务无关的事情，只是一门心思地扎在怎样去完美地执行中，执著专注地钻研，全神贯注地想办法，不折不扣地去做，最终，办法会有，任务会完成，业绩会来，效率会提升，一切的成果都顺理成章地来临。这就是服从的真正意义！

服从不需要借口，服从也不能有借口。借口会摧毁我们的信念，浇灭我们的热情，削弱我们的能力，也阻止我们向着正确的方向努力前进。借口不会让我们得到任何好处，它只会阻拦我们走向成功。所以，永远不要有借口、更不要找借口。“没有任何借口”，才是一种负责、敬业的精神，一种服从、诚实的态度，是一种成熟的人生心态，一种完美的执行能力。找借口，不过是把自己需要承担的责任转嫁给社会或他人；找借口是对所做事情的拖延和放弃；借口会使人疏于努力，不再是想方设法争取成功；借口让我们特点散、颓废、拖延，让我们办事拖拉，效率低下，最终会把我们的事业和人生拖垮。

马明应当在上午11点之前完成一份重要的报表，以便能让部门经理有足够的时间熟悉这份材料，并以此为依据在第二天的公司部门经理例会上发言。可是直到下午3点半，马明才拿着报表敲响了经理办公室的门。“怎么搞的，马明，上午11点的时候你就应该在这儿了，怎么现在才来？这样的效率怎么行？”

经理满脸的不高兴。马明两手一摊,一副无可奈何的表情:“我也没办法,上午 11 点的时候资料部门的那帮人刚把处理好的数据交给我,都是他们的错。”不得已,经理只好争分夺秒地弥补时间上的损失,花了大半夜的时间熟悉材料,才使得第二天的会议没出什么大差错。马明的一个借口好像把自己的责任推得一干二净,实际上却让自己在老板面前失去了基本的信任。

不要给自己任何的借口和推卸责任的理由,老板要的是结果,而不是你再三的解释原因。借口只会让老板察觉到你的不负责任和不可信任,再没有任何用处。所以,忠诚的员工只讲服从,不找借口。

命令需要服从,但更需要的是执行。服从只是基础,是前提,是前言,执行才是正文。不折不扣、认认真真地执行才是最重要的。要做到不折不扣、完美执行,需要的是强大的执行力。

执行力就是执行任务的能力,也就是把事情做好做到位的能力,执行力的高低直接决定执行的优劣。同样一份工作,同样一个任务,运用不同的方式和方法去执行,往往会有不同的成本投入,执行的结果也会有很大的差别。所以,提高执行能力是每一个员工的必修课。

要提高执行力,完美执行,执行者在执行前要多动脑、多思考这个任务有几种执行方法,这是不是最好的执行方法?有没有更好的?并认真比较每种方法的优劣,选出最有效、最简捷、最节约的方法去执行,争取达到事半功倍的效果。

净雅餐厅的员工都有极高的执行力,因而他们的服务非常有名,就连普通的员工都能把工作做到最好,让客户最满意。

因为妻子怀孕,李先生想请朋友庆祝一下,于是特意到净雅餐厅预订了一个包间。

客人都到齐了,首先端上来的是一只用面粉制作的可爱的小老鼠。一开始,李先生还以为上错菜了,但服务员小胡却满脸笑容地说,这是她特意叮嘱厨房提前准备的,因为今年是鼠年,恭喜李先生夫妇得了一个鼠宝宝。

这让李先生夫妇非常开心，连连说谢谢。

在上菜的间隙，小胡又端上了几个果盘和餐点，里面有花生、大枣、莲子等等。小胡解释说这是餐厅特意制作的，取“早生贵子”的谐音。

服务员的两次惊喜让李先生和朋友们乐得合不拢嘴，用完餐之后还特意跟值班经理致谢。

如果换了一般的服务员，可能最多饭后送一个果盘就觉得不错了，但小胡却非常用心，考虑得非常细致，用自己的热心，连连给顾客带去惊喜。像小胡这样的人，尽管只是一个基层的服务员，但处处却能够从客户的感受出发，一定可以获得更好的发展机会。

执行到位，用小的成本把事情做成并获得最大的效益，就可以称作是合格的员工了，但要成为优秀的员工，仅仅做到这些还不够，还必须做到圆满，做到完美执行才行。

当然，做到圆满并不容易，它要求不仅要完成一项工作和任务，还要求把工作做得无懈可击、完美无缺，令企业、社会、经销商、消费者和潜在客户等各个方面都满意，不能产生任何副作用，要质量优异、性能卓越、服务周到，并能带来良好的品牌效应，取得较好的社会效益。之所以很多企业会强调做到圆满，完全执行，是因为员工在工作中，如果只考虑自己完成任务，而忽略顾客的感受和社会的反应，就会造成工作的不圆满，给企业、产品、品牌带来负面效应，而这种效应常常会产生连锁反应，从而给企业的社会地位，产品的声誉口碑，品牌的良好形象，造成不利的影响，给企业的发展带来不必要的障碍。因此，很多企业家认为，圆满意味着执行的最高境界，圆满是对每一个优秀执行者的最高要求。

海尔被公认为国内企业中执行最到位、最圆满的佼佼者。其最著名的就是“五星级服务”，以及为实现“五星级服务”所采取的“一二三四”法则。这个法则就是，一个结果：服务圆满。二个理念：带走用户的烦恼——烦恼到零；留下海尔的真诚——真诚到永远。三个控制：服务投诉率小于十万分之一，服务不满意率小于十万分之一，服务遗漏率小于十万分之一。四个不漏：一个不漏地记录用户反映的问题，一个不漏地处理用户反映的问题，一个不漏地复审处理结果，一个不漏地将处理结果反馈到设计、生产、经营部门并追究责任。从“一二三四”法则中不难看出，圆满服务是海尔人工作中致力达到的最高标准，是一切工作的重心。反映出海尔人追求圆满，精益求精，将执行做得更到位、更完美的精神风貌和精神境界。

要做到完美执行，还有重要的一条就是要学会灵活，学会变通，不是一味地死凭规则，生搬硬套。变通能够让我们的思维灵活起来，从而可以触类旁通，不局限于某一方向，不受消极思维定式的桎梏，从多方面选择和考虑问题，越过思维定式的障碍，才可以最完美地执行。但是灵活也是有度的，并不是每一件事执行时都要灵活、都要变通。有些事领导分配下来，你就必须不折不扣不变样地执行才对。如果不能准确地弄清上司布置任务的意图、所要达到的目的、希望达到的效果，就自作主张地去灵活，去变通，显然和任务执行的原意相去太远，就算再努力地去做了，不仅不能圆满，甚至还会适得其反，费力不讨好。

小韩在一家培训机构当文秘，一天领导交给她一项任务：从一家著名的网上书城订150本书，并且特别叮嘱她就从那家网站订。

她了解到，因为过几天公司要给一家企业做培训，这150本书要作为企业培训的教材一起带过去。

小韩打电话到了那家购书网，结果对方说库存不够，要等一个星期才能发货。

小韩想，书都是一样的，从哪里买不是买啊？何必非得从那里买呢？于是小韩另外找了一家网站把书买到了，不仅送书时间早，折扣还更优惠。

为此，小韩还挺得意，可让她没想到的是，书送到的时候，领导发现书不是从那家购书网买的，当场就严厉批评了她。

领导说："我不是特意告诉你要从那家网站订吗，你为什么要自作主张？"

小韩一听很委屈，自己明明是好心，并且已经完成了任务，怎么反而挨了批评呢？

原来，领导要她在那家著名的图书网站订，是因为该网站的畅销图书排行榜，对整个图书发行有较大的示范效应。而这本书的作者，就是要来该公司讲课的老师。

领导之所以让小韩从那家网上订购，是为了增加这本书进入排行榜的机会，给这位老师以一定的支持。如果在该网站买了这位老师的书，就更好地让他的书进入销售排行榜。小韩没有领会到这点，尽管书是买了，但起不到领导希望达到的那个效果，难怪领导生气了。

也许我们会觉得，要完成这个任务，明明还有很多种方法，何必非得按照领导交待的那个方法去做呢？只要能完成任务就行了，用不着太死板。但是，不死板是在圆满执行的基础上，如果你的灵活让执行适得其反，显然就灵活得过分了。

很多时候，上级的安排肯定有他的用意，遇到不明白的地方，不妨问一问，特别是需要改变领导决定的时候，千万不要自己"想当然"地自作主张，而要懂得及时请示领导。否则就会像小韩一样，费力不讨好。

不找借口地服从，只是为执行作铺垫，执行才是目的。所以，真正忠诚敬业、聪明优秀的员工一定会认认真真地去执行，把事情执行到位、圆满、无懈可击，从而赢得老板的信任和器重。

5.时时处处为企业谋利

忠诚就是要眼中有老板，心中有企业，时时为老板、为企业着想，处处为企业谋利益，为老板排忧解难，做老板最忠实最有力的助手，把企业的事当成自己的事一样，时时处处为企业谋利益。

一个经常为老板解决问题、分忧解难的人，在老板需要你的时候，你能够独当一面，将问题妥善解决，当然能得到老板的赏识，得到更多的奖赏。

有"世界经理人的经理人"之称的通用公司前总裁杰克·韦尔奇在掌管GE的漫长岁月里，许多人离开，许多人加入，也曾有过大面积的裁员。哈克·摩尔在GE工作的时间比韦尔奇更长，他早来了3年，最开始是一位副经理的第三秘书，但在韦尔奇即将卸任的时候，他已经成为韦尔奇最得力的助手和最知心的朋友。

杰克·韦尔奇在其自传中这样描述哈克·摩尔：他在通用工作的时间比我还要长，直到现在还没有退休。在漫长的岁月中，他在20多个岗位上工作过，并不是因为他不能胜任原来的工作而被调离，而是在某个职位出现空缺时，大家总是习惯性地想到他，他就是一个时时为大家着想、为老板为忧、为企业谋利的人。他总是很快就能胜任新的工作，并且能够在新的工作中独当一面。他总是让人觉得他是一个执行力强、从不把问题留给别人的人。后来，我把他晋升为我的助手，从他身上我看到了忠诚的可贵。如果让哈克·摩尔坐我的位子，他不会比我逊色。

哈克·摩尔是所有通用员工的榜样，也是我们每个人的榜样。你在公司中也应该像哈克·摩尔一样，无论在什么岗位上都能够独当一面，时刻为老板排忧解难为企业谋利，哪里需要你，就往哪里去，把问题圆满解决，做老板最需要的助手。这样，你当然会获得老板的信任、尊敬和器重。

每一个聪明的老板都知道一个忠诚的助手对自己的意义。一个忠诚的助手胜过一大沓订单。因为一个忠诚的助手对于老板而言，不仅增加了竞争的优势，更重要的是为老板分担了很多精神上的负担，任何时候老板都可以放心，任何困难的情况都可以让他去处理，而不必什么事都压在老板的心里，这样才能够让老板有真正的放松和休闲。这样的员工，当然是老板最信任最倚重也最重用的员工。

简·琼斯是沃尔玛公司亚洲事务总裁的助理，他善解人意，总是能第一时间领会总裁的意图，颇受总裁的倚重。

总裁的健康状况不是很好，琼斯与总裁的私人医生保持密切联系，随身带着一些必备的药品，对总裁的起居饮食也根据其习惯和爱好安排得井井有条。

即使是生活上很小的细节，琼斯也照顾得很周到。

有一次，总裁下榻在日本东京的一家酒店，一进房间，惊喜地发现窗帘是自己最喜欢的米黄色，床上摆着一对很小的枕头——这位主管平时习惯用这种小枕头。

原来是琼斯在两天前定房间的时候就安排好了一切。

工作上更是如此，每天的日程表、做记录、会议安排，琼斯都能按照主管的习惯和意图妥善安排，让总裁在工作的时候更省心，更高效。

因为工作的需要，琼斯要到美国总部去处理一些事务，总裁对临时的助理大加抱怨。

“琼斯不在，我就好像失去了右手，只能用笨拙的左手来工作，这可真要命！”

最后在总裁的频频催促下，琼斯快速解决了美国的事务，返回亚洲。

后来，总裁因为健康的原因，不得不辞去了工作，在他的极力推荐下，琼斯接替他成为沃尔玛亚洲事务的总代理。

要尽量使自己的工作习惯与上司一致。假如上司每天9点前总给你几份文件，那你该提早5—10分钟抵达办公室，配合他的步伐。若上司习惯10点才开始工作，你就要避免过早地与他谈论公事……

一个优秀的助手不仅要时时为老板着想，更要处处为企业谋利，把企业的利益放在首位，才是真正的忠诚和敬业。

素有“铁娘子”之称的格力空调总裁董明珠，在进入格力初期，就是用铁腕手段把自己作为一个助手的作用发挥得淋漓尽致，也把自己的忠诚完美地体现出来了。

首先是对企业内部的管理一抓到底。格力在发展过程中，经营部存在很多问题。总经理个性温和，面对员工的一些问题，即使看到了，但碍于面子也不好直说出来。这样的结果是造成员工更加散漫，旧问题没解决又出现新问题。

再这样下去肯定不行。于是总经理决定通过选举，挑选合适的人才担任经营部主管。当时，备受同事们喜爱的董明珠被推选为部长。

有人想，既然是自己推选出来的部长，董明珠肯定会在方方面面都照顾大家，拉拉关系、走走后门应该不成问题，就算是有什么事情，也会帮着自己说说话。但让他们完全没有想到的是，董明珠一上任，那种做事干练、铁面无私的个性就展露无遗。她做的第一件事就是严抓管理、规范业务员的行为。

在她的严格管理之下，彻底杜绝了业务员无款提货、随意调配产品或私自收货款的行为。为此，还关闭了分布全国各地的库房，并强调业务员销售账目清晰化，销售货款要限时追回。措施刚出台的时候，有不少人都来说情，但都被董明珠毫不留情地拒绝了。

在促使内部管理逐渐上了正轨的同时，她还对客户实行铁腕政策。拖欠货款一直都是中国很多行业存在的现象，也是让很多企业头疼的问题，严重的会影响到企业的生存和发展。当时的格力也面临着同样的问题。在很多人看来，谁都可以得罪，就是不能得罪客户，毕竟企业要靠客户才能生存。所以，就算是拖欠货款的现象很普遍，但也没有人敢提出异议。然而，董明珠却做了别人不敢做的事情，推出了“先付款再交货”的交易方式。这种方式一推出，立即在客户当中炸开了锅，引起了客户的强烈不满，有的表示如果这样就不销售格力的空调了，有的向格力老总告状。

在这种情况下，格力老总也觉得这种做法是不是有点太激进了，于是向董明珠提出说：“是不是等客户补完欠款，先给发货再收钱?”

尽管老总提出了缓和的建议，但还是被董明珠否决了。首先她坚信，只要格力的产品好，就不怕没有人进货。另外，她认为当时不少国外经销商正准备走进中国市场，到时这种“先拿货再付款”的方式必然会被打破。

事实证明董明珠的做法是对的，从 1997 年起，格力没有一分钱的拖欠的账款，整体效益大大提升。同时，随着零售巨头百思买进军中国市场，因为坚持“先付款再拿货”的方式，格力与其建立共赢的联盟体系，进一步推动了企业的发展。

可以说，没有董明珠的铁腕，就没有格力今天的发展。无论是对内部员工的管理，还是对外部的客户管理，董明珠都充分地发挥了一个助手应当发挥的作用，把老板不敢说的话说了，把老板不敢做的事也做了，不仅让老板更轻松，把更多的心思用在企业的全盘发展上，也让老板对她更加信任更加重用了。

为老板着想，为企业谋利，其实也是为自己。企业是我们的船，是我们人生的舞台。如果船翻了，如果舞台塌了，作为员工的我们也就失去了赖以依附的地方，也就失去了生机和意义。企业和员工是一体的。

作为企业中的一员，公司的利益其实也是个人的利益，公司的形象也是我们每一个员工的形象；维护企业的形象，为企业谋利益，也就是在为老板、在为自己谋利益；忠诚于企业、忠诚于老板，其实也就是忠诚于自己。时时处处为老板着想，为企业谋利的员工，当然是老板最信任、最离不开、最重用的员工。

6. 抵制诱惑，任何情况下都不背叛企业

如果把工作比作航船的话，忠诚的人总是坚守着航向，即使有大风大浪，他们也能镇静地掌好船舵，驶向远海。他们的忠诚不是口头上的，而是在每一个细微的行动上，他们努力地工作，支持老板；他们不离不弃，忠于公司。当企业遭遇风雨和困境时，忠诚的人，首先想到的，绝不是逃避，而是义不容辞地选择承担！

有一家生意不错的旅游公司。老板出差期间，有人秘密地把公司全部的客户资料出卖给了竞争对手。旅游旺季到来之时，这家旅行社以往的签约顾客居然一个都没有来。旅行社陷入了前所未有的危机之中。

当面对所有的员工时，老板觉得自己很对不起他们。“我很遗憾公司出现了这样的事情，”老板说，“现在，公司的资金出现了周转困难，只能给你们发两个月的薪水。在你们找到新的工作之前，这些钱可能还够用。我知道，有的人想辞职，要是在平时我会挽留大家，这个时候大家想走，我会立刻批准，因为我已经没有挽留大家的理由了。”

“老板，您放心，我们是不会走的，我们不能在这个时候离开，我们一定会战胜困难的。”一个员工说。

“是的，我们不会走的。”很多人都在说。

后来，这家旅行社并没有倒闭，甚至比以前做得还要好。

老板说：“我最应该感谢的是我的员工，他们的责任感和忠诚给了我动力。在我要放弃的时候，也是他们的责任感和忠诚帮助公司战胜了困难，我为他们骄傲。”

背叛和忠诚出现在同一家公司。背叛可以摧毁一家公司，忠诚却可以拯救一家公司。这就是忠诚的价值。

能与企业同舟共济的员工是企业的财富。这样的员工也是每一个老板每一个企业都最想拥有的员工。因为他们有自己的原则、因为他们忠诚不渝，因为他们可以抵制住任何诱惑，任何时候都不会背叛企业。

陈标从知青点回城后，他被安排在一家很大的水泥厂工作。那是一家曾经很红火的国营企业。他开始是在车间里做技术工作，由于大家都说他人品特别好，他的为人处事特别值得信任，厂里就让他当上了供销科长。不少人一旦当上这种官，就会将一些不明不白的条子拿到单位报销，自然也可以将一些不明不白的钱花在亲朋好友身上——既为自己挣人情，也为自己挣零花，但陈标从不这样做。同学，朋友，不论过去的关系怎么好，都不能从他那个供销科长的职位上揩一点油水走。

“都什么年代了，你怎么还是这样单纯啊！”“有权不用，过期作废，你别再犯傻了！”“那么多的人都在想方设法地往自己兜里捞，你却守着自己的所谓好品质在那里受穷，你这样做，今后会后悔的！”不少人这样说他。

真正对他构成考验的，是一家私营企业的老板看中了他，同时也看中了他手中的客户资源，想挖他走。这不是对单位的背叛吗？陈标立刻摇头表示拒绝。老板反复来挖，他反复拒绝。

而那位老板看中的，正是他的那种在任何情况下都绝不做昧心事的品质。“他身上的能力很多人都有，但他身上的绝不做昧心事绝不赚昧心钱的品质，很多人身上都没有——就是曾经有这种品质的，也很快就失去了。”那位私营老板说。老板这样看重他身上的品质，这让陈标深感欣慰，但他却一直不同意辞职，不同意做背叛单位的事，尽管单位让他跟那些品质不好贡献不多的人拿一样的工资，享受一样的待遇。很多人很不理解，问他为什么？他说：“诱惑哪里没有？我的忠诚的信念不允许我背叛企业，任何时候都不行，哪怕这看起来很傻！”单位领导知道这件事后，也深为他对公司的忠诚所感动，对他的能力作了重新评估后，给他升了职，提了薪，让他到了一位最适合发挥他能力的岗位上。陈标很感激，工作也更努力了。

忠诚的员工能经受任何考验，特别是当公司经营出现困难的时候，正是检验员工忠诚度的最佳时机。对那些能够勇敢地去为企业承担困难的人，我们是理应给予敬意的，他们更加难能可贵。这个时候，责任和忠诚带给企业的力量是无法估量的，它能让我们战胜一切困难。

俗话说，“风雨之中见真情”，越是经历过风雨的考验，越能让老板珍惜你的忠诚！

张健是一家软件公司的工程师，在业界小有名气。2003年张健离开了该公司，准备进入一家新的实力更加雄厚的公司继续从事软件开发工作。由于新公司与原公司业务相关，新公司经理要求他透露一些他主持的原公司开发项目的情况，但张健马上回绝了这个要求。理由很简单：

“尽管我离开了原来的公司，但我没有权力背叛它，现在和以后都是如此。”

第一次面试就这样不欢而散。出人意料的是，就在张健准备寻找新的公司时，却收到了直接录用的通知，上面清楚地写着：

你被录用了。因你的能力与才干，还有我们最需要的——

维护公司利益。

作为公司的一分子,你必须清楚地认识到,你的任何行为和语言,无不关系到公司的形象和发展。

企业就是我们的船,当风浪来时,我们应该做的就是与他联成一体,不离不弃,共同抗击风浪,因为企业的利益就是我们自己的利益,我们就是企业的主人。有了这样的心态,在公司最艰难的时候也要和公司一起,并且靠着我们的努力,让公司起死回生。也只有在这样的时候,最能够看出一个员工对于企业、对于老板是不是真正的忠诚。

7. 守口如瓶,绝不泄露企业和老板的机密

不打听秘密是聪明的,不泄露秘密是忠诚的。保守秘密是一种忠诚的美德。但是保守秘密并不是那么容易做到的事。“出我的口入你的耳,千万不要向第三个人讲起。”这样的话其实常常是自欺欺人,当你将秘密讲出口,便不能指望别人会守口如瓶。你对你的好朋友讲,他也会说给他的好朋友听,唯一的解决办法便是——闭紧你的嘴巴,就像恺撒。

恺撒刚刚担任执政官的时候,有一天一位好友来访。谈话间朋友问起了一些有关国家军事机密的事情。

“我只要你告诉我,”他的朋友说,“我所听到的有关传闻是否确有其事。”

这位朋友要打听的事在当时是不能公开的,但既是好朋友相求,该如何拒绝为好呢?

只见恺撒望了望四周,然后压低声音向朋友问道:“你能对不便外传的事情保密吗?”

“能。”好友急切地回答。

“那么,”恺撒微笑着说,“我也能。”

能够紧闭嘴巴的人才能够保守住秘密，才能够拥有忠诚这一美德。

身在职场，要守住公司和老板的秘密，不该问的不问，不该说的不说，公司的各种事情都不可以随便张扬，绝对守口如瓶。这不仅是一个员工忠诚的表现，也是起码的职业素质，更是得到老板信任的重要基础。

不管是企业的秘密还是老板的秘密，作为员工，只要知道是秘密，就绝对不要泄露，这是基本的职业道德和员工准则。泄露秘密等于出卖自己，守住秘密，就是守住了自己的良心和饭碗。作为一名员工，不要忘了自己的角色，你需要为公司争取利益，而不是为你自己争利益。只有公司“发达”了，你才会跟着“发达”，万万不可越位，更不能背叛老板和企业。

A公司和B公司是竞争对手，B公司的生意红火，A公司则一直受到B公司的压制，但想不出制服对手的良策。终于，对策有了。他们想方设法寻找关系，接近B公司的一名仓库主管，让其暗中出卖商业机密。这个主管在利益的驱使下，利令智昏，把自己公司的库存数量、货品结构、价格策略一一泄露。几经交手，商界风向大变，B公司节节败退，最后元气大伤而倒闭。A公司却起死回生，反败为胜。公司倒闭了，B公司的仓库主管的工作也到了终点。

当他以功臣的身份来到A公司，准备大干一番事业时，却被对方告知：对于这种“蛀虫”，他们也是不欢迎的。仓库主管气愤不已，骂他们是冷血无情，利用完了就一脚踢开，可是却毫无办法。更可悲的是，很快，大家就知道了实力雄厚的B公司倒闭的原因，所有的人都开始咒骂他，他连找一份工作的机会也没有了，最后只落得个流落街头。

一个不忠诚的“蛀虫”，眨眼之间就将一个公司搞垮了。B公司的老板输得稀里糊涂，蒙受了惨烈的苦痛。

企业为什么只选忠诚的员工？为什么把忠诚当成用人的第一标准？为什么只会青睐忠诚的员工？为什么所有的老板最痛恨员工泄密？这就

是原因。企业的机密可以左右企业的生死，忠诚的员工要牢记这一点，恪守企业和老板的所有机密。

常言说：商场如战场。企业机密犹如战场情报，关涉的是生死成败。所以每一个员工都必须要有保密意识。这既是对企业的忠诚，也是对自己的负责。只要涉及到机密，任何时候都要有保密意识，知道什么该说什么不该说，什么能讲什么不能讲。在任何时候，任何情况下，都不能泄露公司机密，出卖公司利益。所以，我们一定要培养一种职业习惯，不随便在朋友或亲人面前透露公司商业机密，更不能因利益驱动而泄露公司的商业机密。身在职场，保守公司和老板的秘密，这差不多是一个职场天条，也是忠诚最直接和基本的体现。

8. 减少跳槽，频繁跳槽是对忠诚的亵渎

不是说跳槽就是不忠诚，但频繁地跳槽，没有哪个老板敢信任是必然的。忠诚的员工是不会随便跳槽的，一个忠诚敬业的员工也不可能是一个跳来跳去的员工。

很多人工作一不如意就跳槽，人际关系不行也跳槽，看到待遇好的工作就更要跳槽，有时甚至没有任何原因也跳槽。在他们的眼里，下一个工作肯定比现在的好，一切的问题都可以用跳槽的方式解决，就这样不停地跳来跳去，结果就失去了自我，也失去了方向，甚至找不到自己到底该干什么了，跳槽倒成了他的工作一样，最终还会栽倒在这跳来跳去上。

目前，到各大公司应聘时，很多“跳跳族”(过于频繁跳槽的人)最大的体会就是：现在企业怎么回事，不用有经验的而用那些经验白本的；不用资历高的，而用学历低的；不用技术优异的，而用那些技术“白痴”……事实并非如此，他们之所以这样认为，一切只因为他们是过于频繁跳槽的“跳跳族”。据调查，各大企业领导人最讨厌、最不愿雇佣的不是那些学历

低、经验空白的人，而是那些频繁跳槽的人。一个国内大企业的人力资源部经理说："他们(跳跳族)相对于企业来说，具有太多不安定、不安全的因素，跳槽次数越多的人'危险性'越高，我们不会予以录用。相比之下，我们宁愿雇佣那些技能较低、对企业忠诚的人。"

许多年轻人渴望找到一个适合施展才华，使自己有所发展的工作环境，这当然是值得鼓励的。但过于频繁地跳槽，对企业的负面影响是相当大的，同时也会影响到个人的道德可信度。几乎没有哪家公司的老板会任用对自己公司不忠诚的人。

"毕业仅3年，就跳了9次槽。这样的人，你叫我怎么敢用他?"一家知名杂志社的人事部经理拍着一份求职者的简历对记者说。他说，媒体从业人员培训的成本算是最高的，当你刚刚把所有的经验和技能传授给他，他就一拍屁股走人，还带走了单位的资源，这样的损失令人无法承受。

很多企业无法原谅频繁跳槽者，甚至痛恨他们。"频繁跳槽是一种没有责任心的行为。"某科技企业人力资源部负责人对记者说，"公司每年花在企业员工身上的培训费用达几百万元，有些员工说走就走，丝毫不考虑公司为他们付出的代价。有的还跳槽到企业的竞争对手一方，靠出卖公司机密来谋取高职位、高薪水。怎么不叫人痛恨呢?"

一家知名重型机械公司人力资源经理则坦言，他们对频繁跳槽的求职者感到不放心，很少考虑聘用这类人。

"企业要讲诚信，求职者也应该讲道义和良心。"一家信息公司的负责人说，"现在有一部分求职者做人做事偏离了道义和良心的轨道，古人说'知遇之恩没齿难忘'，他们却背信弃义，过河拆桥，有的还要置原单位于死地，这种做法实在令人心寒。"

一位人力资源部经理说："当我看到申请人员的简历上写着一连串的工作经历，而且是在短短的时间内，我的第一感觉就是他的工作换得太频繁了,频繁地换工作并不能代表一个人工作经验丰富,而是更说明了一个人的适应性很差或者工作能力低,如果他能快速适应一份工作,就不会轻易离开,因为换一份工作的成本也是很大的。再说,这样频繁跳槽的人,我们也不敢太重用他,说不定明天他又跳了呢?”

其实多数时候的跳槽都是一时冲动。公司和个人的矛盾是可以调节的,古语说得好:“既来之,则安之。”世界上的事情不可能每一件都顺心如意,当自己不再适合公司的大环境时,最好还是调节我们的心态,做出改变。否则,跳槽并不能解决问题的根本,它只能解决一时,当发现自己又和新公司产生矛盾时还会跳槽。如此跳来跳去只会陷入恶性循环中。

频繁跳槽,其实是对忠诚的一种亵渎,也是对自己的一种轻视。其结果往往是——丢了“西瓜”,捡了“芝麻”。所以,忠诚的员工,绝不是那些跳来跳去的员工。老板喜欢的也绝不会是跳来跳去的员工,而是那些用自己的行动捍卫忠诚的员工。

第二章　敬业一点，为企业工作也是为自己打拼

企业是老板的，也是员工的，企业的利益是老板的利益，也是员工的利益。不要总是认为在为我打工，为企业打工。工作其实是为你自己干的，为自己的生活，自己的未来，自己的梦想……所以，敬业一些，努力一些，和我一起，共同为我们的企业、为我们自己，打造一个最美好的未来！

1. 企业是老板的，也是员工的

企业是老板的。相信这样的说法没有几个人会提出异议。因为企业是老板投资成立的，老板不仅花钱建工厂、购置机器设备、买原材料，还要招聘员工、组织生产、开拓市场、推销产品，到银行借贷，到工商、税务和各类政府主管部门登记审批，又四处招兵买马，才终于成立了企业。

为了成立企业，老板花费了多少心血！为了创办公司，老板的资金可能是全部家当的投入，也可能是找亲戚朋友们凑起来的。这些投入，都是压在老板心头的巨石，只有企业办成功了，这块石头才可以从身上卸下。这只是资金上的投入，再想想，要创办一个公司，老板又该有多少体力和心力上的投入呢？先别说企业成立前的跑前跑后跑工商跑税务跑银行跑市场，企业成立后，老板全心全意都在企业上，没有上下班时间，每时每刻都在上班，都在思考公司的发展之路、公司的出路、前景。有时想得晚上夜不安枕，失眠是常有的事。想不通的地方第二天接着想，直到找到答案为止。每个月发工资的日子都很紧张，担心工资发不出来，资金周转不灵。如果企业运转不好或是有什么失误，企业亏损，那老板更是没有一天安然。仅仅从劳动强度来说，老板其实比任何一名员工都累。

一个刚刚毕业的年轻人来到一家公司工作，当他得知老板的年龄和自己相仿，但看上去却好似要大他十多岁时，感到非常诧异。

后来，在一次双休日加班时，年轻人与老板闲聊，问道："你没有事的时候干什么？是不是经常带夫人孩子去公园散步？"

老板回答他说："想倒是想，可是没有时间啊！你们加班，我在；你们不加班，我还在。女儿都三岁了，我还从来没有带她出去玩过。"

年轻人感慨地说："没想到当老板了你还这么累！"

"当然累啊！"老板说，"其实我没别的爱好，就是喜欢睡懒觉。可是我半夜想着公司的事情就是睡不着，一个人到客厅把电视打开，音量开到很小，自己瞪着电视发呆；我父亲知道我从小就贪睡，看见我在大半夜看电视就很不理解。公司如何发展，发展中遇到什么难题，跟他们说了也没用啊。只会让他们为我担心。"

那位老板每天吃饭和员工们一样，都是几块钱一份的快餐，只有在公司聚餐的时候，才会和大家一起改善一下。

当2008年由美国引发的金融危机来袭时，很多公司纷纷裁员，但这位老板没有辞退一个人。有一次年轻人问他为什么，他说："我们公司的这几个员工，我知道他们每一个人的家境，他们全都要靠这份工资过日子呢，辞退任何一个人，我都不忍。虽然我们公司今年业绩下滑了不少，但我会撑到最后关头，不到万不得已，我是不会放弃任何一个人的。"

老板很累，因为企业是老板的，老板要对企业负责，对自己负责，不累不行，累也应该，再累也得撑着。作为老板，从创业的那一天开始，就注定要担当更大的责任——要出钱、要出力；起得最早，睡得最晚；只能前进，不能后退；只能成功，不能失败；为了企业要付出一切的心力，甚至尊严。

柳传志刚创办联想的时候，想与国家体委做一笔计算机生意。虽然买方和卖方都有意愿，但是由于当时国家体制的原因，这笔买卖却需要经过第三方——"中仪"的批准。柳传志和国家体委的人一起赶到"中仪"，却被一个小业务员当做外商当场给轰了出来。众目睽睽之下，柳传志灰溜溜地退了出来，只能自己在屋檐下大口喘气。当时，柳传志已经40多岁，又是科学家出身，几曾受过这种气。他觉得自己知识分子的自尊被人无情地践踏了，而且是这么一个小青年，还是在大庭广众之下。

但是，能怎么办呢，想要做成这笔生意就只能去找这个业务员。柳传志只能把一口恶气咽进肚子里。想方设法找到该业务员的一个同学做中间人，然后请他吃饭，陪他闲聊，让他开心，为他办事。在柳传志帮助该业务员兑换了外币之后，终于得到了该业务员的首肯，与体委做成了买卖。

在联想发展的过程中，这样的事情还有很多。为了拿回两万美元的利润，柳传志曾经泪流满面地给合作方写信。为了讨回自己的资金，柳传志曾经蹲在欠债人门前几天几夜。为了节省一块钱的公交费，柳传志也曾步行几公里的路……联想的发展，每一步都充满了艰辛，都洒满了作为老板的柳传志的汗水和心血。

“没有一番寒彻骨，何来梅花扑鼻香！”每一个企业的发展都和联想一样艰难；每一个成功的老板都和柳传志一样辛苦。为了企业的生存和发展，老板们必须对自己狠一点，控制自己的欲望，去做自己不喜欢做的事情，放弃自己喜欢做的事情，甚至调整自己的习惯，改变自己的性格。俗话说，江山易改，本性难移，这样做，不啻于是在拿刀子割自己的肉，内在的痛苦可想而知。但老板们为了创业为了发展，为了把企业做得更强更大，心甘情愿地去做了。

希望集团的刘永好，创业之前是一所学校的老师，后来在家养鹌鹑。因为鹌鹑蛋销售不出去，刘永好只得上街叫卖。遇到自己的学生，刘永好尴尬异常，回到家里也无精打采。但是，创业没有回头路，刘永好硬着头皮克服自己的心理障碍，继续去做销售工作。

企业是老板的身家性命，是老板全部的心血，所以老板不怕苦、不怕累，放弃自由，放弃爱好，改变个性，一心一意只想把企业做好。企业也是老板的全部希望，他靠企业来改变自己的命运，靠企业实现自己的梦想，靠企业来给家人提供舒适的生活，企业寄托着老板全部的希望，老板的所有一切全部都在他的企业上，企业的每一丝每一毫都与老板息息相关，企业当然是老板的。

但是企业仅仅是老板的吗?老板工作就是为了自己,企业与员工没有什么关系,员工仅仅是企业雇用的!如果仅仅这么理解,那就太浅薄了。

企业一经产生,就独立地存在。它不再仅仅是老板的,而是企业全体人员共有的。老板不可能靠自己运转一个企业,他需要聘请一定数量的员工,与他一起,使得企业顺利运转,赢得市场,获得利润。员工则通过企业这个平台,提供自己的努力,获得报酬,赢得成长。只有双方合力,才能发展壮大。老板是员工的支柱,而员工则是企业的依靠。没有老板,企业不存在,更无法支撑;而没有员工,企业就没有基础,就像大厦没有基石一样,永远砌不成大厦。所以员工和老板是企业存在的必备因素,二者缺一不可。企业、员工、老板,三者其实是相生、相克、相辅、相成、密不可分的。如果分开任何一方都不会有意义,只有合在一起,才能创造出事业的奇迹。

老板努力、奋发,全力以赴,是在为他自己,为自己赚钱,为自己企业的壮大,为自己理想的实现,但同时,也是在为员工创造机会和财富。就像员工在为自己工作的同时也是在为老板"打工"一样,其实老板在为自己工作的同时也是在为员工"打工"。两者的道理是相似的,不同的是,老板需要冒着巨大的经营风险,来为员工营造一个"谋生"的平台。

员工是企业的基石,但是反过来,企业也是员工发展的平台。如果离开了企业,离开了这个让员工施展本领的舞台,员工又能干什么呢?再说员工和老板,老板离不开员工,离开了,老板就成了光杆司令;但是员工又能离开老板吗?有些员工总喜欢拿自己的收入和老板比,认为老板剥削了自己,自己再怎么努力工作也只是拿了一点点工资,而老板却拿了几乎全部的利润。这种比较不是对称的。员工应该拿老板的收益和全体员工的收益比,应当拿投入和收益来比,老板的收益是一种资本的收益,如果没有这种收益,谁会去做老板呢?

排除掉老板与员工的雇用与被雇用的关系,老板和员工更多地表现为一种合作关系，大家一起把事情做好。老板希望通过员工来获得更大的收益，员工希望通过老板提供的平台来实现自己的追求。在这种合作关系中，会有地位的不一致和责任的不一致，也就有待遇的不一致。但是，这些不一致，不能被当做对立的理由，更多应该看做是分工的结果。要知道，只有企业发达了，老板和员工才都有收获。“大河有水小河满，大河无水小河干”，不先想尽千方百计让大河有起来，员工和老板这两条小河都不会有。

企业说白了，是将老板的资金、员工的努力和企业全体员工的头脑集中起来，一起在市场中赚钱。企业是老板的，但同时也是所有员工的，因为企业的发展兴旺和亏损衰败与老板和员工都紧密相关，企业壮大了，老板才有利润，员工也才有丰厚的报酬，老板和员工的利益是一致的，没有矛盾的。

所以，不要总是认为企业仅仅是老板的，自己是在为企业工作，给老板打工，企业也是你们大家的，每一个人都有份为企业工作，也是在为自己打拼。赚到的，都是大家的，亏损了，每一个人都有分。那么，对于企业的事，最好能够主动加一把手。凳子倒了，主动扶起来；花草枯萎了，主动浇水；地板上有水迹，主动擦掉。在企业待一天，就要把企业放在心中一天，关心企业的发展，愿意为企业的事情出谋划策，而不是站在老板的对立面考虑问题，像局外人一样冷眼旁观。

2. 老板和员工乘着同一条船

有人把公司比做一条船，老板就是这条船的船长，而下属都是船员，老板与下属荣辱与共、生死相依。公司这条船如果在风浪中倾翻了，不仅老板要受损失，员工也要受损失，他们是一个利益共同体。一位老板曾这样形象地说：“员工和我们企业主走到了同一条船上，只不过我们是掌舵人。虽然我们来自不同的地方，但上了同一条船，一旦遇到狂风恶浪，那就可能是同年同月同日死。因此，如果我们的员工与舵手齐心合力，向一个方向划，有着强烈的主人翁精神，能及时发现漏洞并及时补救，我想我们就能够绕过险滩暗礁，驶向光明的彼岸。”

张建祥在一家效益较为不错的建材公司工作。照理来说，在这样的企业找到这样的一份工作，张建祥应当加倍地努力，为所在的公司创造更多的效益。可是，张建祥并不是这么想的；也不是这样做的。他虽然每天都准时上下班，但是在工作的时候，完完全全是在打发时间。他更不会去做一些自己工作之外的事，因为他连自己的本职工作都难以按时按质按量地完成。对他来说，最令他兴奋和高兴的事，就是每月领取工资的时候。

后来，他所在的企业不幸出现了危机，经济效益急剧滑坡，这样一来，导致了员工的工资大幅度降低，并且还不能按时支付奖金。

在开始的时候，张建祥倒是不觉得有什么，因为至少在这儿混日子过，每个月都能领取到一笔生活费，慢慢地，张建祥就不免有些想法了，在左思右想之后，觉得自己再在这儿待下去，终究有一天可能连那笔微薄的生活费都无法领取到。于是，他提出了辞职申请。

转眼间，几年时间过去了。张建祥原来所在的企业在全体成员的共同努力下，不仅度过了难关，而且发展得比以前更好。张建祥那些没有离开的同事，都已经成为了公司的精英、顶梁柱，而离开这家公司的张建祥却依然在不停地寻找工作，始终没有任何的突破，在竞争激烈的职场夹缝中苦苦挣扎。

只有与公司同患难，才可能与公司同成长。公司就是你的船，你上了这条船，就要全心全意地努力使这条船不断前进。风浪来时更要和自己的船同生共死，共抗风雨，而不是当逃兵。像张建祥这样既不努力又当逃兵的员工,是没有哪个企业愿意聘用的,更不可能得到哪个老板的信任和重用。

企业是在市场中航行的船,老板和员工都在这条船上。只有企业老板和全体员工都齐心协力,这艘船才能穿越商海迷雾,到达理想的彼岸。老板和全体员工才能通过企业这艘船的航行得以实现自己的梦想。员工们如果三心二意,只会让船四分五裂,不但到达不了目的地,还可能会葬身于市场之中。

我们经常听到有人说:"公司垮了那是领导的事,与我没关系,大不了换个地方。"这是典型的没有责任感的员工,也是没有认识到企业的发展与自己息息相关的道理,没有认识到企业也是员工的船这样一个道理。

迈克尔·阿伯拉肖夫是美国导弹驱逐舰"本福尔德号"的舰长。当迈克尔·阿伯拉肖夫接管"本福尔德号"时,船上的水兵士气消沉,很多人都讨厌待在船上,甚至想赶紧退役。但两年后,情况发生了彻底改变。全体官兵上下一心,整个团队士气高昂。"本福尔德号"变成了美国海军的一艘王牌驱逐舰。

迈克尔·阿伯拉肖夫用什么魔法使"本福尔德号"发生了翻天覆地的变化呢?迈克尔·阿伯拉肖夫对士兵说:这是你的船,所以你要对它负责,你要与这艘船共命运,你要与这艘船上的官兵共命运。所有属于你的事,你都要自己来决定,你必须对自己的行为负责。因为你是这艘船的主人,而不是乘客。从那以后,所有水兵都觉得管理好"本福尔德号"是自己的职责所在。

在企业也是一样,企业就是我们的船,老板就是我们的船长。我们和老板是乘着同一条船,因而,员工和老板的利益也是一致的。

当你加盟了一家公司,你就成为这条船上的一名船员。这条船是满载而归还是触礁搁浅,取决于你是否能与船上的所有船员齐心协力、同舟共济。任何个人不能仅仅只是将眼光放在自己的个人利益中去,而是需要顾及公司这个整体,只有我们认真工作,将公司交付给我们的工作认真、出色地完成了，才能促使公司一直处于朝前发展的状态，而随之而来的就是公司在发展过程中提供给我们一个个更能展示自己能力的岗位，获得更多的一个回报，这种回报不仅仅是物质上的，还有精神上的。

因而，我们在与公司的关系中，都是在相互创造机遇的，老板与员工是一体的，与企业是一致的，相互在工作着的。我们一定要本着将公司的事当成自己的事，把自己当成公司这条大船上的一名船员的原则，每一个人都尽心尽力地为船上的所有事务而努力，这条大船才会在浩瀚的大海中平稳地航行，才能顺利达到彼岸。

3. 企业的利益是我们共同的利益

企业的利益是老板的，也是员工的，企业的利益是我们共同的利益。一个对此有清醒认识的员工，任何时候也不可能是企业利益的旁观者，而是积极参与者，不管是创造利益还是分配利益都是如此。企业的利益就是员工自己的利益，任何时候也不要做有损于企业利益的事情，企业的事情就是我们自己的事情。

企业和员工是一个共生体，企业的成长，要依靠员工的成长来实现；员工的成长，又要依靠企业这个平台。企业兴，员工兴；企业衰，员工衰。微软是这样，IBM是这样，沃尔玛也是这样，联想是这样，海尔是这样，阿里巴巴更是这样，所有企业都是这样。

如果把员工比喻为一粒种子，那么公司则是培育这粒种子的沃土；如果公司是船，老板和员工都在这条船上，没有员工的努力与支持，公司的发展与辉煌无从谈起；没有公司的发展，员工的回报又从哪里得到？所以，企业的利益是老板的利益，也是员工的利益，是大家共同的利益。企业初创，员工辛苦，而一旦企业兴盛，员工理所当然是最先分享到成果的人。阿里巴巴的故事可以让我们更深切地感受到企业兴、员工兴的正确性。

1999年3月,马云决定回到杭州重新创业。

回去时,当初从杭州跟到北京的6个人一个不少,加上其他人一共18个人。当时马云只给他们3天时间考虑,回去的条件是每月只有500元工资,在加拿大MBA毕业的也一视同仁。而这些人在外经贸部要名有名,要利有利;与此同时,各大互联网公司正好在招兵买马。但他们都跟着马云回到了杭州,大家把各自口袋里的钱掏出来,凑了50万元,开始创办阿里巴巴网站。

当时,他们没有办公室,就在马云家办公,把自己封闭在房间里,埋头苦干,每天工作16~18个小时。

苦到尽头了,甜头终于来了。2007年11月6日,阿里巴巴在香港上市。为了这一天,有人等待了12年,有人等待了8年,还有很多人没有等到这一天。

阿里巴巴创业时,天下IT精英蜂拥而至。其中不少人是为了阿里巴巴的上市,这些人中的大部分没有等到这一天,他们或是在阿里巴巴的冬天逃走了,或是在阿里巴巴大裁员时被裁掉了。

马云和他的“十八罗汉”以及阿里巴巴团队中的骨干,他们不是为了上市、为了股份而来的,他们是为了“做一家伟大的公司”的理想欣然而至。刚开始的18个人中,有做到总裁级的孙彤宇,也有还是经理的麻长炜,但没有任何一个人从阿里巴巴流失。

阿里巴巴的成功上市,最高兴的恐怕是阿里巴巴的骨干创业者和员工。阿里巴巴上市造就的千万富翁就有千人之多。阿里巴巴集团旗下5家全资子公司(阿里巴巴、淘宝、支付宝、中国雅虎和阿里软件)的高管都成了百万富翁甚至亿万富翁。这是中国互联网企业历史上从未有过的面积最广泛、数量最巨大的造富运动。

当年跟着马云艰苦拼杀的阿里巴巴创业者们得到了超乎想象的回报。在创业初期,马云给他们的允诺是:“阿里巴巴一旦成为上市公司,我们每一个人所付出的所有代价都会得到回报。”马云当年的允诺超值兑现了,但别忘了马云当年最先给他们的允诺是“一天12个小时的苦活、不到2000元的低工资、苦难、屈辱和不被理解”。

如果没有阿里巴巴的完美团队,相信阿里巴巴的今天绝对不会如此美好。从某种程度上来说,是整个团队的不离不弃、团结合作成就了阿里巴巴,而阿里巴巴的壮大也成就了员工。

只有与公司同患难,才可能与公司同成长。最令人陶醉的成就,是与公司一起同舟共济、历经艰难取得的成就。如果你能敬业负责,与公司一起同舟共济,把企业的利益当作自己的利益,那么你得到的回报必定丰厚无比。

在正常情况下,大多数员工都能够做到以公司的利益为先,但是当公司的利益和个人的利益冲突时,当坚持公司的利益可能给个人带来潜在的损失时,或是要实现自己的利益就会损害企业的利益时,你是否还能够坚持以公司利益为先呢?

有一位企业保安小刘,半夜巡逻时发现有一伙人在偷企业仓库的铜料,窃犯见只有他一个人,让他赶紧让路,面对十余人的盗窃团伙,小刘没有让开,而是义正辞严地让他们放下赃物。窃犯见他不吃硬的,又掏出500元钱说:“这三更半夜的,根本没人知道,你拿着这钱去喝酒吧,我们就拿这些就走,保证不再来偷了。”可小刘坚持要他们放下偷窃的铜料再走。这群盗贼火了,拿起长刀威胁他让开,放他们走,但小刘不仅没有让开,反而冲上前与他们搏斗,窃犯的刀扎在了他的身上,石块打在他的身上,小刘就是没放,最后倒在了血泊中,倒是窃犯吓坏了,扔下赃物跑了。

事后有人说小刘傻，小刘说："我不是傻，我是不能在我值班时让厂里损失物料。损失了的物料还不是我们大家的。"

每一名员工都应该明白，自己的工资收益完全来自公司的效益，因此，公司的利益就是自己利益的来源。"大河有水小河满，大河无水小河干"，说的就是这个道理。因此，替老板想着公司的利益，实际上就是替公司想着自己的利益。事实证明，时刻以公司利益为先的员工往往是老板最青睐的员工，也是发展最快的员工，就像阿里巴巴那些千万富翁一样。

4.为企业工作，其实也是为自己打拼

工作是为自己干的。表面上看，我们是在为企业工作，其实我们也是在为自己打拼，在为自己工作。因为工作是我们生活的来源，是我们安身立命之本，是我们实现自我展示自我的舞台，更是我们生命中的需要。没有工作，我们就不能生活，这生活难道是为了别人吗？

通过工作，人们获得了金钱和生活保障，这是一个社会人最为直观、最为基础的自我满足。从你踏上工作岗位那天开始，你的企业、老板就为你的工作付出了金钱，也就是你每个月所领取的薪水。

在物质社会中，工作是大多数现代人赖以生存的基本形式之一。没有工作就没有立身之处，没有生活之本，不工作就不能生存，没有工作怎么行？

工作为人们带来了安身立命之处，让他们获得可以养家糊口的收入，从而让他们在心理上产生了一定的安全感。因为，有了工作，才能吃上饭，交上房租；有了工作，才能解决温饱，才能满足基本的生活。

每个人都是在为了生活而工作，为了温饱而工作，别以为这样说轻贱了自己。也许有人说，这样想的人太不上进，太没事业心了。但上进是为

了什么？为了上进而上进吗？为了别人的表扬而上进吗？上进其实也是为了自己未来生活得更好，为了明天能比今天更好。许许多多的“打工族”、“北漂族”、“蚁族”不都是这样吗？

肖芳是一家饭店的服务员，高考落榜后就来到这个陌生的城市打工。

肖芳话不多，整天总是默默地干活，当别人在说笑时，她也是自己找活儿干。有人说肖芳是“傻子”：“干那么多活儿，老板又看不见！”每当听到别人这么说时，肖芳总是付之一笑。时间一长，其他人总爱把最脏最累的活儿留给肖芳，但是她从来没向老板或是领班告过状。

半年过去了，饭店的服务员换了两批，但是肖芳依然在这里干。老板的一位朋友经常来这家饭店吃饭，一次，他问老板：“肖芳可是你这里‘元老’级的人物了。”老板看看正在干活儿的肖芳，满意地说：“这孩子实在，你别看她平时不说话，心里可有数了。她干活儿，我最放心。”肖芳像没有听到老板的表扬一样，还继续干手中的活儿。

老板告诉这位朋友，自己找肖芳谈过话，她觉得找份工作不容易，虽然工资不高，但是能供家里的弟弟妹妹上学，如果自己再不好好干，总三心二意的，连这份工作都会丢掉。挣不到钱，不仅自己的基本生活会有问题，弟弟妹妹的学费也没有了。所以为了自己的生活保障，为了弟弟妹妹的学费，她宁可干比别人多的活儿，也不想失去这份工作。

这只是一个普通打工者的故事，没有什么伟大的事迹，但是，也是千千万万个打工者的一个缩影。不是工作需要人去做，而是人需要做工作，因为工作才能解决基本的温饱，让我们得以生存，所以，暂时不去管工作的好坏，薪水的高低，只要能有基本的生活费，就可以。

我们在为企业工作的同时，也是在为自己工作，为自己的未来，为自己的提升,为自己以后事业的发展。公司的兴衰与我们努力工作的成果息息相关,只有公司长青,我们才有更好的发展前景,才能在这个大的舞台上舞出我们的风姿,我们选择了自己喜爱的岗位,我们就应该为公司多做实事。不仅要为公司做出应有的贡献,同时也能使自身的能力得到应有的提升,这是一个人在一个公司中能否长期有效地发挥自我价值的关键。

有些人能够在平凡的工作岗位上,有所建树。这一方面取决于个人的才能,另一方面取决于个人的进取心。在这个世界,上天总是垂青于那些努力工作的人,机会也总是给那些认真努力的人。不努力,机会就会失去。

某女大学毕业后,过五关斩六将,好不容易找到了一份工作。可是她不但不珍惜眼前的这份来之不易的工作,而且还对老板所交给的任务不是嫌这就是嫌那的,不是太脏了就是太累了。久而久之,渐渐地,她自然是没有什么工作成绩,薪水也少得可怜。

可是,她不是努力找出原因,而是对公司和工作常常抱怨。没过多久,她就被解雇了。

今天工作不努力,明天努力找工作,每一个在求职大军中打拼过的人都会对这句话有着深刻的体会。工作就是机会,每一个看似平凡的工作背后都隐藏着密密麻麻的发展机会。因为你做的每一份工作,你在工作中结交的每一个人,都有可能改变你的一生。所以,认真对待你的工作,认真对待工作中遇到的每一个人,不要有丝毫的疏忽。有时被我们完全忽视的小事,恰恰是我们失去大好机会的罪魁祸首,偶尔的小错也会使大好的发展机遇在自己的面前白白流失。

正如人们常说的:那些真正成功的人,不会等待机会的到来,而是主动寻找并抓住机会、把握机会、征服机会,让机会成为服务于他的奴仆。换句话说,任何机会都可以是他们手中的“金钥匙”。

汽车大王福特就是一个善于把握机会的人。大学毕业后，福特来到一家汽车公司应聘，他的学历在一同来应聘的4个人里面是最低的。他感觉希望渺茫，可是既然已经来了，总不能连试都不试就落荒而逃吧。于是，福特敲门走进了董事长办公室，他看到地上有一张废纸，就弯腰捡起来顺手丢到了废纸篓里，然后来到董事长的办公桌前，说："我是来应聘的福特。"

董事长微笑着说："非常好，福特先生，你已经被我们公司聘用了。"

这让福特十分意外，董事长接着说："在你前面的那几位学历确实比你高，也都仪表堂堂，但他们只盯着大事，却忽视了小事。而我认为，一个眼中只看到大事、对小事忽略的人是不会走向成功的。因此，你被录用了。"

就这样，福特顺利地进入到这家公司。事实证明，面试福特的那位董事长的选择是非常正确的。

每一份工作中都孕藏着巨大的机会，只要你努力去工作抓住这样的机会，机会就会属于你。每个人的面前都曾有过成功的机遇，然而大部人都没能及时地抓住它，这是由于机遇出现的时候都罩着一层面纱，是一些十分细小的苗头，很难被人发现。但那些成功者就可以及时地将那些小小的苗头牢牢抓住，创造出非凡的业绩。

我们工作就是为了我们自己，工作是我们安身立命之本，工作是我们的机会，工作也是我们人生的需要，我们工作，一方面是为了企业，为了老板，但更多地是为了我们自己。为自己的未来，为自己的梦想，为自己价值的实现。

5. 自己才是你努力工作的最大受益者

当你在为公司努力工作时，公司的利益和个人的利益在此便画上了等号。努力工作并不仅仅有利于公司和老板，其实真正的最大的受益者恰恰是你自己。许多的成功者用自己的成功证明了这个道理。

有些员工总会说“努力工作只对老板有好处，我凭什么那么努力呢？”“我就拿这么一点点工资，干吗那么卖命呢？”“敬业？那不过是老板愚弄我们的话！”

的确，努力工作对老板有好处，但仅仅对老板有好处吗？你努力，老板看重你，必然把更多的发展机会交给你，你不是也得到好处了吗？把工作视为等价交换，拿一分钱干一分钱的活，甚至还想方设法偷懒，固然可以给老板造成损失，固然可以让你自己捞点便宜，但是，老板所损失的，仅仅是付给员工的工资而已，你损失的呢？却是你自己的前途，你可能永远也得不到老板的重用和赏识了。所以说，从表面上看，一个人的工作，是有益于公司、有益于老板的，但其实最大的受益者还是自己。

李明军是一位被破格提拔的总经理。总裁最看重他的就是那股努力工作的敬业精神。总裁虽然精明干练，但是管理风格却十分独裁。对部属总是按照自己的意志来指挥，从不给他们独当一面的机会，人人都只是奉命行事的小角色，连主管也不例外。这种作风几乎使所有主管离心离德，一有机会便聚集在走廊上大发牢骚。然而，李明军却与众不同。他并非不了解总裁的缺点，但他的回应不是批评，而是设法弥补这些缺失。当总裁又忍不住发布命令的时候，他就加以缓冲，减轻属下的压力。同时，又设法配合他的长处，把努力的重点放在能够着力的范围内。受差遣时，他总尽量先多做一步，设身处地体会总裁的需要与心意。比如奉命提供资料，他就附上资料分析，并根据分析结果提出建议。他总是说：敬业是为职之本，既然在工作，就要将一切都尽可能做到最好。

你如果具有强烈的实干敬业精神，老板最想提拔的人肯定会是你。

努力工作踏实肯干的员工无论干什么工作都是最受老板青睐的员

工，也是最容易得到提升的员工。得到提升，得到重用，你的才华更能体现，你的待遇也会相应提高，你展现才华的舞台更大，你的人生价值能得以最大地实现。受益最大的当然是你自己。

作为江西省江铃集团模具厂模具班班长、全国五一劳动奖章获得者、全国劳动模范的袁政海，在学习技术的时候，不但学好师傅教的技术，还热情自主研发，不断往未知的新领域大胆开拓，以勤奋、敬业和认真、负责的精神努力工作，最终也收获了自己的美好人生。

1994年时，江铃集团决定自主开发汽车模具。在没有任何经验，没有任何图纸的情况下，领导们把这个“烫手的山芋”交给了袁政海。从此，他从一名钳工“转身”就成了模具工。

在他的努力下，模具的气动翻转、自动卸料的装配水平竟然从一片空白发展到可以与外国进口原装模具相媲美的水平。仅仅这一项，就为公司节约费用20多万元。

2001年5月，袁政海用一年半的时间又开发了一家英国公司用3年才开发出来的全顺车下摆臂模具，每年为江铃节约成本435万元。

袁政海不仅成为企业最受尊敬的专家，是企业的金牌员工，国家的人才，也谱写了自己的辉煌人生。

努力工作是为企业，但更大的收益者还是自己。如果你能够认识到“我是在为自己工作”，那么你将会发现工作中包含着许多个人成长的机会，这些无形资产的价值，是无法衡量的。最终受益者是你自己，为老板干就等同于为自己干。

相反，那些不懂得努力工作也是为自己的员工，总认为自己辛苦工作都是为了公司为了老板，甚至认为是老板剥削了他的劳动，认为世界不公平，每天都在抱怨中，抱怨公司老板太抠门、没有人情味；抱怨工作时间过长没有休息的时间；抱怨工资太低；抱怨自己得不到重用、怀才不遇，抱怨自己得不到想要的东西……在工作中就会马马虎虎，敷衍了事，从来不会去努力做到最好，结果只能是最终被踢出局被淘汰被抛弃，他实际上是在向自己成功的路上自设路障，最终损害的，也只能是自己。

6. 做任何工作都要兢兢业业

敬业的前提条件是要热爱你的工作，要是你不喜欢也不热爱你的工作，在工作的时候没有饱满的激情，你的敬业精神也就无从谈起。

人是很奇妙的，每个人内心都有热情，能感受强烈的情绪，这种内心的情感正是驱动我们奋发进取、走向卓越、影响别人、成就自己的关键因素。凭借热情，我们可以释放出潜在的巨大能量，补充身体的潜力，培养出一种坚强的个性；凭借热情，我们可以把枯燥无味的工作变得生动有趣，使自己充满活力，培养自己对事业的狂热追求；凭借热情，我们可以获得领导的提拔和重用，赢得宝贵的成长和发展的机会；凭借热情，我们可以感染周围的同事，让他们理解你、支持你，拥有良好的人际关系；凭借热情，可以使原本平凡的你变得卓尔不群，让人过目难忘。

在一个偏僻的山谷里，有一个高达数千尺的断崖。不知道什么时候，断崖边上长出了一株小小的百合。

百合刚刚诞生的时候，长得和杂草一样。但是，它心里知道自己并不是一株野草。它内心深处，有一个坚定的念头："我是一株百合，不是一株野草。唯一的证明我是百合的方法，就是绽放出美丽的花朵。"有了这个念头，百合努力地吸收水分和阳光，深深地扎根，直直地挺着胸膛，终于在一个春天的清晨，结出了第一个花苞。

百合的心里很高兴，附近的杂草却很不屑，它们在私底下嘲笑着百合："你不要做梦了，即使你真地会开花，在这荒郊野外，你的价值还不是跟我们一样。"

偶尔也有飞过的蜂蝶鸟雀，它们也劝百合别那么努力开花："在这断崖边上纵然开出世界上最美的花，也不会有人来欣赏呀！"百合却说："我要开花，是因为我知道自己有美丽的花。不管有没有人欣赏，不管你们怎么看我，我都要开花！

在野草和蜂蝶的鄙夷下，百合努力地释放自身的能量。有一天，它终于开花了，它那灵性的洁白和秀挺的风姿，成为断崖上最美丽的风景。这时候，野草与蜂蝶再也不敢嘲笑它了。

年年春天，百合都努力地开花、结子。它的种子随着风，落在山谷、草原和悬崖边，终于，整个山谷都开满了洁白的百合。几十年后，人们千里迢迢来到这个山谷，欣赏百合开花。后来，那里被人们称为"百合谷"。

工作需要努力，成功更需要努力。不管做什么事，只要你兢兢业业去做，成功一定会来与你相会。

也许我们的工作不如意，也许我们在长久的工作中已经失去了热情，但只要坚守工作的信念，兢兢业业地去做，勤奋努力地去干，一样可以从工作中找到乐趣，从而把工作做得更出色。

小镇上有个中年邮差，他从 20 岁开始，每天往返 50 公里的路程，日复一日将信件送到居民的家中。就这样 3 年过去了，人事物几番变迁，唯独从邮局到小镇的这条道路，从过去到现在，始终没有一枝半叶，触目所及，唯有飞扬的尘土罢了。

"这样荒凉的路还要走多久呢？"

他一想到必须在这无花无树充满尘土的路上，骑着自行车度过他的一生时，心中总是有些遗憾。

有一天当他送完信，心事重重准备回去时，刚好经过了一家花店。"对了，就是这个！"他走进花店，买了一把野花的种子，并且从第二天开始，带着这些种子撒在往来的路上。就这样，经过一天，两天，一个月，两个月……他始终持续撒着野花种子。

没多久，那条已经来回走了 3 年的荒凉道路，竟开满了红、黄各色的小花。夏天开夏天的花，秋天开秋天的花，四季更迭，永不停歇。

在充满花瓣的道路上，吹着口哨、骑着自行车的邮差，不再是孤独的邮差，也不再是愁苦的邮差了。他的心中充满了喜悦，所以他看见有一个人都兴奋热情地打招呼，送信已经不是辛苦的工作，而是一件兴味盎然的事情。没多久，他被提升到了市里的邮局。但他留下来的这条开满鲜花的路都给了更多的邮差信心和热情，整个市的邮政工作都更有效率了。

可见，一件工作有趣与否，取决于你的看法，对于工作，我们可以做好，也可以做坏。可以高高兴兴和骄傲地做，也可以愁眉苦脸和厌恶地做。**工作没法改变，你却可以改变自己的心态。**

其实，任何工作都是好的，工作和职业本来没有高低贵贱好坏优劣的差别。所有的工作都有它本身的价值和分量，在你眼里不起眼的工作，却正是必不可少而且意义非凡。有这样的心态，就能从心里尊敬自己的职业，对待工作总是有100%的工作激情，十二分的投入。这样的员工，无论把他放在哪一个岗位上，他都能够兢兢业业、任劳任怨地发挥自己的智慧和才干，尽职尽责地把工作做到尽善尽美。

中国邮政北京东四邮局的沈智慧是值班局长，值班局长不像很多人想的那样是官，而是在一线服务的营业员，与用户面对面零距离接触，进行手把手服务。

沈智慧热情周到的服务，获得了客户的厚爱。附近的大爷大妈都喜欢亲切地叫沈智慧“干闺女”。沈智慧身上有着老北京人特有的热情和厚道，她说：“他们真的是我的亲人。用户的理解和关心更增加了我工作的动力，为他们解决一些难题，有时虽然累一些但心里感到轻松愉快。”

为了让更多同事分享自己多年的服务经验，她归纳了自己的“工作法”，也就是被北京市团市委命名的“沈智慧值班局长工作法”。

在这部“工作法”里，沈智慧提出了上岗“三个保持和三个自始至终”的基本要求：保持良好的心态，自始至终心情愉快；保持良好的仪容仪表，自始至终肯干自信；保持健康身体，自始至终精力充沛。就是这样简单的道理，她坚持了那么多年，也就坚持下来了她独一无二的“沈氏风格”。

沈智慧正是因为拥有开放豁达的生活心态，拥有善于分享的良好品格，兢兢业业的敬业态度才使得客户满意，同事支持，自己的事业才“更上一层楼”，她也被评为了“全国劳动模范”。

工作是为别人，更是为自己，兢兢业业勤奋努力不仅是一个优秀员工的基本态度，也是一个员工走向卓越、走向成功的唯一路途。

7. 敬业让你出类拔萃

敬业，简单地说，就是敬重自己的工作，将工作视为自己的事情，其具体的表现就是忠于职守、认真负责、一丝不苟、善始善终。阿尔伯特·哈伯德说：“一个人假使没有一流的能力，但只要你拥有敬业的精神，你同样会获得人们的尊重；即使你的能力无人能比，假设没有基本的职业道德，也一定会遭到社会的唾弃。”

美国的石油大王洛克菲勒曾说过：“除了工作，没有其他任何活动能提供如此高度的充实自我、表达自我的机会，也没有哪些活动能提供如此强烈的个人使命和一种活着的理由。”敬业的员工之所以受欢迎受重用，是因为他们具有这种强烈的使命感，并且把“完成这个工作是我的使命”作为自己的宗旨，从而激励自己不断投入其中时，你会有一个圆满充实的心灵与意义非凡的人生。

王杰本科毕业后被分配到一个研究所，这个研究所的大部分人都具备硕士和博士学位，王杰感到压力很大。

工作一段时间后，王杰发现所里大部分人不敬业，对本职工作不认真，他们不是玩乐，就是搞自己的“第三产业”，把在所里上班当成混日子。

王杰反其道而行之，他一头扎进工作中。从早到晚埋头苦干业务，还经常加班加点。王杰的业务水平提高很快，不久成了所里的“顶梁柱”，并逐渐受到所长的重用，时间一长，更让所长感到离开王杰就好像失去左膀右臂。不久，王杰便被提升为副所长，老所长年事已高，所长的位置也在等着王杰。

但也有些人认为，反正为人家干活，敬业干什么？能混就混，公司亏了也不用我去承担，甚至还扯老板的后腿。其实，这样做对老板、对他自己都没有好处。

林华是一家银行的出纳。他的工作还算过得去，不出大错，没有顾客投诉，也不偷懒，但他从不多干一点点活。他的同事觉得他还不错：能完成工作，与大家相处和睦。但是每当有额外的需要时，他从不自告奋勇，也不像其他出纳一样，为缩短顾客排队时间实施新的顾客奖励而献计献策。他总认为：“我只是个小小的银行出纳，为什么要做那么多？我只要做好自己的事就可以了。”

这样的员工永远也不会做到出色，永远也不会成就自己的事业。在事业发展中，有了敬业精神我们就会深深地喜欢上我们所从事的职业。敬业才会乐业，在乐业中我们才会更进一步地专心致志从事我们所做的事，也才能在所从事的领域内达到专业的程度。敬业，不仅是对老板对企业负责，更是对自己对前途负责，敬业让你备受青睐，敬业让你出类拔萃。

李明星是奇瑞涂装生产线上的一名工艺员，虽然只是一名普通的蓝领，但他爱岗敬业，对工作有着无比的热情，付出了艰辛的汗水，也终于让自己出人头地。他和同事一起，经过一个月的研究和摸索，彻底地解决了瑞虎车型在涂装生产中遇到的质量问题。

在工艺改进之前，每辆瑞虎车从涂装生产线出来后，都需要点修补漆。随着瑞虎销售量的攀升，这不仅大大影响了生产效率，还使涂装成本大幅上升，甚至给产品质量带来隐患。李明星经过细致观察，发现在涂装的过程中，油箱口盖和前仓的横梁处会产生油漆“碰伤”，这是导致油漆缺陷的主要原因。于是李明星和同事们在工作中认真研究涂装的每一个细节，业余时间认真研读相关著作，并相互交流意见，终于在一个月后提出了改进方法：对两个随车辅具稍作改进，彻底解决涂漆“碰伤”的问题。

当时的李明星年仅24岁，但在奇瑞已经工作了6年。作为一名技术工人，他以高度的敬业精神和全力以赴的工作态度，让自己出类拔萃。

事实证明，敬业的人能从工作中学到比别人更多的经验，而这些经验便是你向上发展的阶梯。就算你以后更换了工作，从事不同的职业，丰富的经验和好的工作方法也必会为你带来强有力的帮助，你所从事的任何行业都会极容易获得成功。

工作中每一次任务都是我们发展的机遇。工作是为了给公司创造利润，同时也是为自身求发展。敬业的表面是为公司，实则是为自己，那些热爱工作，为公司尽职尽责的人是最幸运的，因为他们已经获得了生命最高的奖赏。

8.一起为企业也为自己打拼出一个美好未来

一位大企业的老板说：企业是我的，也是你们大家的，我和你们在同一条船上，我们要共同为我们的船奋力向前划。所以，我真心地希望，所有的员工，你们能和我一起，共进共退，同舟共济，不离不弃，共担风雨，共同为我们的企业努力。

其实，这也是所有老板的共同心声。所有的老板都期望员工和他一起，把企业做大做强，为企业也为自己打拼出一个美好的未来。

作为员工，也要有高度的主人翁精神，把企业的事当成自己的事来做，与老板同心同德，同舟共济，才有可能和老板一起分享到企业做强后的甜美果实。

在中国企业界，有一个名字始终如雷贯耳，这就是史玉柱。不论是当年巨人集团的辉煌和显赫，还是巨人轰然倒下之后的惊奇和叹息，又或是他二次创业缔造的“脑白金”神话，史玉柱这个名字几乎是无人不知，无人不晓。但他的成功，他的失败，他的倒下又站起，都远不如他和他的几个员工不离不弃的故事更让人感叹和动容。

俗话说，树倒猢狲散。巨人这棵大树倒下，但史玉柱的团队却并没有完全倒。他的最核心的团队人物，一直跟着他，即使在史玉柱最落魄、没有一分钱的工资发的时候，他们也一样没有离开，而是选择了和史玉柱一起坚守，并最终等来了日出，最终重新做起来了一个庞大的新经济帝国。这其中就有史玉柱的忠诚员工程晨，也是史玉柱最感激的员工之一。

1995年，史玉柱最辉煌的时期。那年6月，20岁的程晨从南京大学毕业，在父亲安排的期货经纪公司和巨人集团之间，她选择了后者作为自己的第一份工作。史玉柱是那个时代最热门的人物。1989年他辞去公职，用借来的4000元创业，卖起了汉卡(将电脑软件中文化的平台)，之后他在珠海成立巨人集团，宣布要做“中国的IBM”。

程晨进入巨人集团的1995年，正是史玉柱最辉煌的时期：巨人集团产值超过10亿元，巨人大厦动工，脑黄金热销后，新开发的12种保健品投放市场，史玉柱也被《福布斯》列为内地富豪第8位。到巨人集团江苏公司报道的第一天，程晨在办公楼下复印材料，看到她手头巨人集团接收函的老板竟大呼，“你是巨人的呀！”

这种满足感让程晨干劲十足。她从最底层的促销员开始做，三个月后转为正式业务员，半年后升为业务主管。她性格外向，勤奋上进，别人花8小时跑业务，她在8小时外还与客户联络感情，不管什么区域什么客户她都能提高业绩。那时有一个商场客户，一年多都不给公司结款，程晨接手后，从不与她谈钱的问题，而是在下班后主动帮她接小孩，客户后来也主动结清了所有货款。程晨迅速成为公司的销售明星，也迎来了第一次重要提升。

1996年3月，史玉柱带着公司高层前往江苏检查销售情况。当时南京公司经理空缺，21岁的程晨临危受命。但她心里没底，南京公司当时的销售成绩排在全国后十名，史玉柱又是一个脾气火爆的人。在检查中，史玉柱大发雷霆，给南京公司打了零分。晚上11点公司召开紧急会议，程晨第一次近距离见到了史玉柱。

“你准备用多久来改变这个情况?”史玉柱问。“一个星期。”程晨的回答引起与会人员一阵哄笑，史玉柱也笑了，他没有再责怪这个小姑娘，他知道，程晨没有任何经验，但有做好的决心。

史玉柱走后，程晨做了几件事，一是把南京地区客户重新梳理，重要客户全自己负责；二是从卸货开始，参与业务的各个环节；三是每个月底接收总公司的业绩表时，让所有业务员都站在传真机前亲眼看到自己的成绩。两个月后，南京公司业绩进入全国前十，三个月后成为全国第一。

因为出色的销售成绩，1996年7月，程晨被调往珠海的巨人总部，成为史玉柱的行政助理，同时调往总部的还有云南公司的一位男性员工，他们被称为公司的“金童玉女”，被列为公司的后备干部培养。程晨没有想到这么快就实现了自己的人生目标——在一家公司做一个办公室主任之类的小领导。在巨人，她用半年就做到了。

在当时的巨人集团，刚毕业的大学生是主力军，23岁的部门主管，25岁的副总比比皆是。“林彪20多岁当军长”是史玉柱的名言，他说现在没有年轻的将军出现，不是年轻人没有能力，而是没有机会。

在1990年代中期，史玉柱的这些话是极具煽动力的。南方鼓动着市场经济的浪潮，创业者制造着一个个“先富起来”的神话，初出茅庐的年轻人渴望脱离体制的禁锢，而决策者也需要一个从改革开放中受益的榜样。无论对政府还是个体，敢作敢想的史玉柱都是典范。

“后备干部”程晨在珠海的第一个月十分狼狈。她没有了销售成绩的刺激，每天跟着史玉柱开会、见客户、整理文件，还被史玉柱摔过杯子，骂过“无能”。虽然是行政助理，但她不会用电脑打字，更不会用电脑办公；史玉柱每天从中午12点工作到晚上12点，她就必须从早上9点工作到晚上12点；最要命的是，她很想家，想念南京，不习惯南方以自我为中心的文化。

有一次开会后，史玉柱拿到程晨的会议纪要，开玩笑地说，“这次打字还挺快的嘛。”程晨没有高兴，反而提出要回南京。史玉柱的“家庭式管理”在这时发挥了作用，他安慰程晨，“从今天起，你喊我史叔叔吧，这样你会有家的感觉。”

在得到更多机会参与巨人的核心业务后，程晨也意识到公司正面临困难。1996年下半年，巨人集团的会议越来越多，从初期的事务性会议，慢慢变成资金协调会，最后变成还款计划会，员工工资开始缓发，报销也暂停，建设巨人大厦随时可能引起巨人集团的资金链断裂。

1997年1月18日，史玉柱率领巨人集团30多位核心成员汇集安徽黄山脚下的太平镇，召开一场名为“批评与自我批评”的内部会议。那时他已经取得一笔意向中的贷款，能帮助巨人度过难关。会议中，史玉柱是最后一个作自我批评的，他总结了自己三点过失：一、决策过程不科学；二、带着公司搞大跃进，太急功近利；三、不尊重员工的想法。

下午4点多，程晨接到珠海同事的电话称，一个重要文件要马上转给史玉柱。传真机吐出第一页纸，“巨人史玉柱身陷重围”几个大字冲入程晨眼帘，这是深圳《投资导报》的报道，巨人危机终被媒体捅破。她来不及往下看，就把文件交给了史玉柱，会场一片沉默，20分钟后，史玉柱在自己的本子上写下四个字——“天亡我也”。合上本子，他继续开会。

程晨记得，那天黄山的雪下得很大，是一年中最冷的一天，她从这一天开始迎来职业生涯中最艰难、最忙碌、最具挑战的一段时期。她的角色不再是一个行政助理，而是要与史玉柱共度危机的公司砥柱。1997年春节，巨人集团近1万名员工被遣散，巨人倒地。

“当时真的很感伤，以前每个隔断要挤两个人的办公室，最后就剩下30几个人，”程晨说，“大家同吃同住，不愿意离开，谁都不相信巨人会真的倒下，史玉柱会站不起来。”

程晨每天要处理的事情多如牛毛：躲债、抵押、合作、借款，很多事情来不及向史玉柱汇报，她就必须立即做决定，“那时我学会了把事情分类，先处理最重要、最急切的事，然后做急切的事，最后做重要的事。”

在每天收到的信件中，写给史玉柱的求爱信几乎没了，很多是寻求合作的信，还有一些是鼓励史玉柱的信。有一次，程晨读到一封来自浙江大学的信，是四个大学生联名写的，他们在信中写道，“史玉柱，你不能倒，你是我们这一代人的偶像，如果你倒下了，你就会辜负一代人。”

程晨把信转给了史玉柱和其他员工，看过信的人，都哭了。

深处债务危机的史玉柱非常潦倒，他成了中国“负债最多的人”，发不起员工工资，和员工一起吃住在公司，去外地也只能住几十元的招待所。在最困难的时候，程晨向父亲寻求帮助，“那时候很多人都帮过公司，我也跟父亲说，能不能帮公司一把。”

程晨最终从家里筹到了10万美元，正是这10万美元，解决了史玉柱的燃眉之急，“当时可能是要处理的事情太多，根本没有时间想离开，就想挺过去，而且史玉柱也没说要放弃。”

痛定思痛之后，史玉柱对程晨说，“谁也救不了巨人，我们只能自己救自己。”史玉柱还明确了两件事：欠下的债无论如何都要还，但要用钱生钱才能将债务还清；未来要做自己擅长的事情，还是要回到保健和IT这两个老本行。

1998年6月，史玉柱借到了50万元，带着一批人来到江苏，用脑白金这个新产品启动无锡和江阴市场。为确保万无一失，史玉柱和程晨等核心团队每天都下到农村，和消费者面对面访谈，推销产品。一个月后，公司账面余额从50万元变成了75万元，巨人看到了希望。

8月18日，程晨请缨带着25万元开拓南京市场，她天才的销售能力和地缘优势迅速打开了市场。一个月后，她用25万赚到了23万元，第二个月赚到了50万元，第三个月赚到了100万元，“整个集团一片沸腾，离开的人也回来了，通过滚雪球的方式把脑白金做起来了”。

江苏市场成功后，程晨又受命开拓上海市场。由于公司当时没有在上海注册公司，她的办公室几次被工商部门查抄。第一次遇到查抄时，程晨整个人都懵了，在去工商所接受调查的路上，史玉柱打来电话，责骂她上海的广告没有做好，这让程晨更不敢向他汇报上海的情况。一到工商所，程晨就大哭起来，“当时就是觉得委屈，忍不住”。

工商所的干事见到小姑娘哭得这么伤心，也就和她拉起了家常，他们听程晨讲史玉柱的创业，讲巨人如何还债，听到最后，干事们成了程晨的叔叔阿姨，遇到的问题也顺利解决。这个事情传出去后，公司一旦出现这样的事，史玉柱就会开玩笑地说：“你们去哭呀，像程晨一样去哭呀。”

在上海市场开拓一年，程晨就创造了1个亿的销售额，她成了史玉柱最得力的臂膀之一。在上海市场的刺激下，巨人业务全面恢复，2001年巨人资产超过5亿元，史玉柱也履行了当年的承诺，将欠下的债务一一还清。

“巨人倒下，我们交了上亿元的学费，换来很多经验和教训，”程晨分析巨人能东山再起的原因，“加上第二次创业的激情，激励着我们往前冲。”

2002年后，程晨成为巨人集团常务副总裁，全面负责公司的战略规划和品牌管理。和史玉柱打拼了10年，风风火火，沉沉浮浮之后，程晨也在考虑自己的定位，“我曾经自我膨胀，认为自己什么事都能干，把史玉柱身上的优点缺点都放到自己身上，没有做筛选”。程晨很清楚，自己是不可能也不愿意做史玉柱第二的，“我希望自己能成为一个有人格魅力的人”。

没有了20岁的盲目崇拜和头脑发热，她能更客观地评价史玉柱，“他有自己的人格魅力，但他的优点和缺点一样突出。”她也时常劝史玉柱，“你不用把一个目标的实现时间压缩到10年，你可以用30年从容去做，这样会更平和，更踏实，更顺畅。”

在巨人集团2007年的元旦晚会中，程晨被临时邀请上台讲史玉柱的故事，她讲了史玉柱困难时候的故事，讲他发小孩子脾气的故事，讲他们在西藏命悬一线的故事。讲着讲着，他们都哭了。

当时陪着史玉柱的，不只是程晨一个人，还有一大班人，他们不离不弃，一直追随着史玉柱，帮助他从失败中站了起来。2001年2月15日，史玉柱在还清了债务，宣布复出后，费拥军应某媒体的请求，提供了一份跟随史玉柱的人的不完全名单：陈国、程晨、刘伟、吴刚、费拥军、贾明星、薛升东、王月红、蒋衍文、张连龙、黄建伟、陈凯、杨波、陈焕然、方立勇、李燃、陆永华、龙方明等。这一大帮人和陈国、程晨、费拥军一样，坚定地追随着史玉柱。当然，在今天，在史玉柱重新站起来的时候，他们也得到了他们应当得到的一切！

企业是老板的事业，也是员工的事业。老板的事业和你的事业其实也是一致的，老板和员工共同努力，心往一处想，劲往一处使。再大的困难也能熬过去，再艰难的处境也会被改变！倒下了也依然会爬起来。员工和老板是一体的，但拥有忠诚的员工是每一个老板最大的福分。

史玉柱二次创业成功，有很多评价说，有这么一帮甘当老二老三的人相助，史玉柱即便没有脑白金，也还会有别的机会让他东山再起，让他永远不输！

是的，拥有这样一帮忠诚而能干的员工，将会使任何一个老板都不会永远倒下，因为忠诚的员工足可以支撑让老板挺过最难过的关，忠诚员工的助力也足可以让老板树立起信心，带领员工们一起，共同打拼出一个美好的未来！

企业就像是一棵茂盛的大树，枝枝叶叶就像是员工，只因为有了无数的叶子大树才显得富有生命力，如果没有千枝万叶，那么大树就可能变成枯树……所有的老板比谁都明白这一点，每一个老板其实都希望员工能忠诚于企业，和企业一同担当风雨共享成功，和老板一起，努力为企业的未来打拼，建设一个强大美好的未来。就像史玉柱和陈国、费拥军、刘伟、程晨他们一样。

老板和员工是一体的，老板和员工一起努力，一起奋斗，最后得到的，也是老板和员工的共同成功。其实每一个老板最希望的就是带着自己的整个团队，带着所有的伙伴和兄弟，努力、勤奋、拼搏、进取，竭尽全力，甘心付出，共同打造一个企业王国，共同创造一份辉煌的事业，企业、老板和所有的员工，都会拥有一个辉煌的未来，一个灿烂的明天，一个成功的自己。

你如果明白这一点，就从现在开始，和老板一起，奋发努力，一起打拼出一个辉煌的未来吧。

第三章　负责一点，敢负责任才能让你担当大任

责任不仅是一种情怀，一种境界、一种觉悟，责任更是一种使命，一种担当，一种至高无上的职业精神，因为责任关系到安危，关系到成败，关系到存亡，关系到生死……如果没有了责任，这世上的任何东西也都没有了保障。所以，每一个老板都非常看重员工的责任心。没有责任心，哪一个老板也不敢对你放心；不能负责任，什么样的工作也不敢交给你。责任与职位其实是成正比的，职位越高，责任越重；要担当大任，先要学会勇负责任！

1. 负责的员工才是老板放心的员工

忠诚的员工让老板信任，而负责的员工才能让老板放心。因为只有负责的员工，才能真正把工作做到最好，把事情做得完美，把问题全部解决，才能真正让老板无后顾之忧，让老板真正放心。

有这么一则笑话：

一天，某洗衣店里来了一位穿超短迷你裙的摩登小姐，该店一个年轻的店员一直盯着她看。这位小姐非常得意地对年轻店员挥挥手，说："年轻人，干你的活去吧！"年轻店员则一脸严肃地说："说实话，小姐，我只是关心本店的声誉。你这条裙子该不是在我们店洗缩水的吧？"

笑过之后我们发现，笑话中的这位员工是一个称职的店员，因为他时刻想着自己的责任，时刻以事业的发展为己任。

责任是一种强烈的使命感。责任是人生的义务，也是对生活的积极接受，更是对自己所负使命的忠诚和信守。责任心是衡量一个人成熟与否的重要标准。责任心是一种习惯性行为，也是一种很重要的素质。

如果员工不能把对企业的责任看成是像孝敬父母或养育孩子那样的义不容辞，那么员工其实是很难真正担当起责任的。

一个顾客抱怨说，他在商店想找一盘磁带，让三个营业员找都没找到，营业员还推说：架子上没有，是卖光了，下次再来看看。但最后这位顾客竟然自己在架子上找到了这盘磁带。这显然会给商店的信誉带来不良的影响。

这种不负责任的行为是任何企业都不允许的。"我警告我们公司的人，"美国一家著名公司董事长保罗·查来普说，"如果有谁说'那不是我的错，那是他(其他的同事)的责任'被我听到的话，我就开除他，因为说这话的人显然对我们公司没有足够兴趣——如果你愿意，站在那儿，眼睁睁地看着一个醉鬼坐进车子里去开车，或任凭一个没有穿救生衣、只有两岁大的小孩单独在码头边上玩耍。可是我不容许你这样做，你必须跑过去保护那个两岁的小孩才行。"

没有责任心的员工是企业唾弃的员工，只有敢于负责、而且能真正负起责任来的员工才是企业最需要、老板最信任的员工。

小李和小刘同时被一家钢铁公司聘用为监察工程师，小李比较老实，总是默默无语，业务上还不太好；小刘则性格活泼，爱玩，但他的业务水平很不错。试用期过后，两人分别被分配到车间的生产线负责冶炼程序的监察。

每天，小刘都例行公事地检查程序，确认无误后就回办公室和同事聊天，小李则每天除了检查程序还查看矿渣，看看是否被充分冶炼。

一天，小李发现自己负责的生产线，矿石冶炼得都不够充分，有的矿石残渣中还含有大量的铁，便立即停机仔细检查生产线器械，发现检测机器的某个零部件出现问题，最终导致冶炼的不充分。

修好自己的检测机后，小李又发动所有的监察工程师一起对所有生产线的矿渣进行一一查看，发现几条生产线都有类似的状况，统一整修后生产回复正常。

总工程师知道这件事后，召集所有负责技术的工程师对小李进行嘉奖。事后，小李晋升为负责技术监测的副总工程师。

小刘很不服气地说："论资历我和他差不多，论技术我比他还强，为什么提拔他不提拔我呢？"

"因为他比你有责任心，"老板说，"我们公司并不缺少业务技术强的工程师，但缺少真正有责任心的工程师。一个负责任的人当然让我更信任，让我更放心，我当然会提拔这样的人。"

这下小刘没话说了。

这位老板说到了关键点上。老板的信任来自于忠诚,更来自于你的负责的态度。一个不负责任的人,放到哪里都不会让老板放心,又如何敢重用他呢?

责任是什么?责任就是一个人必须承受的义务和必须担负的职责。责任是一种使命,一种义务,一种义不容辞必须担负的道义。你的工作就是你的责任,你的岗位就是你的职责,你站在你的岗位上,你就必须负起你的职责。这不仅是一个员工的基本的义务,也是让老板放心的重要前提。

敢负责任能负责任的员工才是可以放心、值得信赖的员工。工作就意味着责任。每一个职位所规定的工作内容就是一份责任。我们常常认为只要准时上班,按时下班,不迟到,不早退就是敬业了,就是负责任了,就可以心安理得地去领工资了。其实,尽职尽责所需要的工作态度是非常严格的。一个人不论从事何种职业,都应该有强烈的责任感,敬重自己的工作,在工作中表现出忠于职守、尽心尽责的精神,这才是老板要找的员工,老板信任的员工,老板放心的员工。

2.责任具有至高无上的价值和力量

爱默生说:"责任具有至高无上的价值,它是一种伟大的品格,在所有价值中它处于最高的位置。"这不仅是对责任价值的最精准的估量,也是对责任最真诚的赞美。是的,责任具有至高无上的价值,具有无以伦比的力量,在我们追求责任、承担责任的过程中,自然而然会体悟到责任的价值,感受到责任的力量。

有一群逃荒的人,他们又累又饿,几乎没有多少力气了。很多人支撑不了已经慢慢地倒下,还有一些人趁着自己还没倒下,就悄悄地离开了，因为他不忍心让大家看到自己死去的样子，而拖累大家。

这时候有一个老人，因为又累又饿，加上年纪太大，他实在是走不动了，就对其他的人说，“我实在是走不动了，你们走吧，不要管我，如果管我，恐怕我们谁都活不了”。大伙都舍不得丢下老人不管，可是大家明白，现在每一个人都已经精疲力竭了，如果再抬着一个人的话，所有的人都会死在路上。

最后大家只好留下老人，当大家正要走的时候，一个妇女把怀里的孩子递给老人，说：“请你带着这个孩子吧。”说完，头也不回地跟大家走了。

到第五天傍晚的时候，大家终于来到了目的地，整个队伍都欢呼起来，但只有那位母亲一个人跑到村口，朝来时的路上张望。

第六天中午的时候，那位母亲终于看到老人抱着孩子一步步地捱了过来。

“一定要把孩子送到安全的地方”——这一份责任使老人坚持下来。责任能够让一个人变得坚强而勇敢，当我们面对前所未有的危机的时候，有的人突然不知道了什么叫害怕，因为他知道他必须依靠自己的智慧和勇气去战胜它，因为在他身上还有一份责任。有了责任，你就会超越自身的懦弱，真正地勇敢起来。这就是责任的伟大力量。

责任至高无上，因为责任，懦弱者会充满力量；因为责任，猥琐者会变会神圣；因为责任，平凡者会变得伟大；因为责任，我们可以战胜恐惧、战胜死亡，激发出内心最强大的力量，变得勇敢而坚强。

这是一个民间登山队，他们要对世界第一峰——珠穆朗玛峰发起进攻。虽然人类攀登珠峰已经不止一次了，但这是他们第一次攀登世界最高峰。队员们既激动又信心十足，他们有决心征服珠穆朗玛峰。

经过考察后，他们选择自己状态很好、天气也很好的一天出发了。攀登一直很顺利，队员们彼此互相照应，没有出现什么问题，高原缺氧的情况也基本能够适应，在预定时间，他们到达了1号营地。大家都很高兴，因为有了一个良好的开始，就等于成功了一半。

第二天，天气突然发生了变化，风很大，还下着雪。登山队长征求大家的意见，要不要回去？因为要确保大家的生命安全。生命只有一次，登山却还有机会。但是大家都建议继续攀登，登山本来就是对生命极限的一种挑战。

于是，登山队继续向上攀登。尽管环境很恶劣，但是队员们征服自然、征服珠穆朗玛峰的信心却十足，大家小心翼翼地向上攀登。“队长，你看！”一个队员大喊，大家循声望去，在离他们很远的地方发生了雪崩。虽然很远，但雪崩的巨大冲击力已波及登山队，一名队员突然滑向另一边的山崖。还好，在快落下山崖的那一刻，他的冰锥紧紧地插进了雪层里，他没有滑落下去。但他随时有可能被雪崩的冲击力推下去。

形势严峻，如果其他队员来营救山崖边的队员，有可能雪崩的冲击力会将别的队员冲下山崖。如果不救，这名队员将在生死边缘徘徊。

队长说：“还是我来吧，我有经验，你们帮我。大家把冰锥都死死地插进雪层里，然后用绳子绑住我。”“这很危险，队长。”队员们说。

“已经没有犹豫的时间了，快！”队长下了死命令。大家迅速动起手来，队长系着绳子滑向悬崖边，他死命地拉住了抱住冰锥的队员，其他队员使劲把他俩往上拉。就在下一轮雪崩冲击到来之前，队长救出了这名队员。

全队沸腾了，经过了生死的考验，大家变得更坚强了。

最终，登山队征服了珠峰。站在山峰上，他们把队旗插在山峰的那一刻，也把他们的荣誉和责任留在了世界上最纯净的地方。

后来，队长说："当时我也非常恐惧，随时可能尸骨无还，但我知道，我有责任去救他，我必须这么做。责任的力量太大了，它战胜了死亡和恐惧。真的！"

责任不仅让人勇敢，责任还能战胜死亡和恐惧，这就是责任至高无上的力量，震撼心灵的力量！

一个有责任心的人，对自己认准的事情，只会有一个信念，那就是义无反顾地去拼搏，不达目的绝不罢休；一个有责任心的人，即使泰山崩于前也会先想到自己的责任，生命危在旦夕也要先完成自己的使命，这正是责任的价值和力量。

在大连市有一名公交车司机黄志全，行车途中突发心脏病，在生命的最后一分钟里，做了三件事：

——把车缓缓地停在马路边；

——用生命的最后力气拉下了手动刹车闸；

——把车门打开，让乘客安全地下了车。

我们可以想象得出，大限已到的黄志全当时的痛苦和绝望，但是他没有想到自己的病痛，首先想到的是自己的责任——保证乘客、行人和车的安全，因为他是这辆车的司机，这是他的责任！正是他这种尽职尽责精神的完美体现，才使他最后的生命创造出了无上的价值，也使他的名字熠熠生辉！

2008年5月12日汶川大地震发生不久，绵竹市消防中队第一时间赶往武都小学实施救援。

当时武都小学的教学楼已经坍塌了大半部分，下面至少埋压了100多名师生。虽然没有特勤工具，但战士们立刻徒手展开救援。19岁的荆利杰第一个奔向了废墟，开始了长达3天的救援。

余震不断发生，钢筋和楼板摇摇欲坠，残存的墙体不时往下掉，荆利杰全然不顾。手掌磨破了，手指头出血了，脚底被钢筋刺破了，荆利杰却一刻也没有停下来。13日，上天落泪了。雨中，荆利杰和战友们仍然没有停歇。

13日上午10时许，就在抢救到最关键的时候，突然教学楼的废墟因为余震和吊机操作发生了移动，随时有可能发生再次坍塌，再进入废墟救援将十分危险，几乎等于去送死。当时的消防指挥也下了死命令，让钻入废墟的人马上撤出来，等到情况稳定后再进入，然而此时，几个刚刚才从废墟中出来的战士大叫："又发现了孩子。"

几个战士转头又要往里钻，这时坍塌就发生了，一块巨大的混凝土块眼看就在往下陷，那几个往里钻的战士马上被其他几名战士死死地拖住，两帮人在上面拉扯成一团，最后废墟上的战士们被大家拖到了安全地带，刚从废墟中带出了一个孩子的荆利杰突然之间跪下来大哭，他对拖着他的人说："你们让我再去救一个，好吗？求求你们让我再去救一个！我还能再救一个！"

"求求你们让我再去救一个！"一名普通的消防战士，一句最简单的话，却具有最强大的震撼力！正是全心全意、尽职尽责的精神才使他不惧危险，面对死亡的威胁也不放弃，这名可敬可爱的战士感动了全中国人民的心。

科尔顿道："人生中只有一种追求，一种至高无上的追求，就是对责任的追求！"是的，责任就是我们至高无上的追求，因为责任具有至高无上的价值和力量，责任让我们无惧生死，责任让我们勇敢坚强、责任为我们带来保障、责任为我们创造和谐，责任让一个普通的人也能焕发出伟大的光芒！

3.你的工作就是你的责任

一份工作就是你的责任，你的工作就是你的责任，工作本身意味着责任。在这个世界上，没有不需承担责任的工作。相反，你的职位越高、权力越大，你肩负的责任就越重。不要害怕承担责任，要下决心，你一定可以承担职业生涯中的责任，你一定可以比前人完成得更出色。

在企业中每一位员工都在不同的时间、不同的地点，扮演着不同的角色，而每一个角色都意味着不同的责任。做好自己的角色，承担这个角色必需的责任，把自己的工作做到最好，这正是一个人的责任所在，也是一个人的价值所在。

在很多人眼中，当税务督察的工作可是一个“肥缺”，作为国家公职人员，旱涝保收从来不缺油水，人人还都要看自己的脸色。江苏泰兴市地税稽查局女稽查员叶清的工作和生活却和人们想象的相去甚远。从这个职位中，她感受到的更多是那份沉甸甸的责任。

早在1999年之前，饮食服务业一直根据开具发票金额结算税款，漏征漏管现象严重。叶清所在的分局下达了实施定额管理的任务。这就意味着叶清不但要让每个业主转变观念接受定额管理，还要在很短的时间内完成各项材料的更新填报，换句话说就是“又苦又受气”。

家人劝她：“你就跟领导讲讲困难，要求换个岗位，一个女同志，干这个又苦又累还要受气的工作，不合适。”这番话是人之常情，但是好强的叶清却固执地说：“我选择了这份工作，就不会在乎这个。要怕苦怕累，我就不干了。”

叶清走街串巷，挨家挨户向纳税户宣传新规定。她甚至为了在吃饭时间“堵”到那些饭店老板，常常饿着肚子“出征”，而且绝对不接受宴请。

苦和累叶清都能忍受，纳税人对定额管理不理解、不配合的不满情绪是让叶清最难受的。曾经有个快餐店老板因为定额管理比以前按发票核算税额高，在办公室指着小叶的鼻子破口大骂。但一想到这里，这是自己的工作，是自己的责任，虽然当时眼泪在眼里转了几圈儿，但叶清还是用她刚柔并济的敬业、真诚与宽容，融化了纳税人心中的“冰疙瘩”。

人心都是肉长的，叶清的真心和努力得到了回报。那几年叶清分管的行业欠税是零、入库率是100％。

你的工作就是你的责任，就是你要坚守的使命和职责。

不管你做着什么样的工作，你都要认真、负责、努力地去做，去完成去负起你的责任才对。

美国独立企业联盟主席杰克·法里斯曾对人说起少年时的一段经历。

在杰克·法里斯13岁时，他开始在他父母的加油站工作。那个加油站里有3个加油泵、2条修车地沟和1间打蜡房。法里斯想学修车，但他父亲让他在前台接待顾客。

当有汽车开进来时，法里斯必须在车子停稳前就站到车门前，然后检查油量、蓄电池、传动带、胶皮管和水箱。法里斯注意到，如果他干得好的话，顾客大多还会再来。于是，法里斯总是多干一些，帮助顾客擦去车身、挡风玻璃和车灯上的污渍。

有段时间，每周都有一位老太太开着她的车来清洗和打蜡，这个车的车内地板凹陷极深，很难打扫。而且，与这位老太太极难打交道，每次当法里斯给她把车准备好时，她都要再仔细检查一遍，让法里斯重新打扫，直到清除完每一缕棉绒和灰尘，她才满意。

终于，有一次，法里斯实在忍受不了了，他不愿意再伺候她了。法里斯回忆道，他的父亲告诫他说：“孩子，记住，这就是你的工作！你的责任就是为顾客服务。不管顾客说什么或做什么，你都要做好你的工作，并以应有的礼貌去对待顾客。”

父亲的话让法里斯深受震动，法里斯说道：“正是在加油站的工作使我学习到了严格的职业道德和应该如何对待顾客，这些东西在我以后的职业生涯中起到了非常重要的作用。”

既然已从事了一种职业，选择了一个岗位，就必须接受它的全部，就算是屈辱和责骂，那也是这项工作的一部分，而不是仅仅享受工作给你带来的益处和快乐。

面对你的职业、你的工作岗位，请时刻记住，这就是你的工作，这就是你的责任。不要忘记你的责任，工作呼唤责任，工作意味着责任。这是不分古今、不分中外的职场箴言。

有个笑话取笑德国人的死板，因为他们非常守时。一个开高架吊车的工人，刚刚把拖着水泥板的吊臂升到半空，这时下午6点的钟声敲响了，这位工人立即将车熄灭，爬下梯子下班回家了，任由吊臂拽着水泥板悬在半空。

这个很恐怖的情节让人记忆深刻。问了去过德国的朋友，他就笑了，说德国人是很守时，但对工作更负责任，相信故事里的德国工人会准时下班，但绝不会把水泥板吊在半空，因为德国人的责任心和对工作的严谨态度远远超过他们的守时。这种负责和严谨只需从奔驰和宝马汽车上就能看出来了，德国工业品那种特殊的技术美感——高贵的外观到性能良好的发动机，几乎每一个无可挑剔的细节都深深地体现出德国人对完美产品的无限追求，体现了德国人对于工作和责任的深刻感悟。由于高品质，德国货在国际上几乎成为“精良”的代名词。日耳曼民族素以近乎呆板的严谨、认真和负责闻名，对于德国的工业品而言，正是日耳曼民族独步天下的严谨与认真造就了德国货卓著的口碑。

是什么造就了德国人的严谨与认真，并进而在国际上赢得如此高的声誉呢？其实就是责任。因为他们把责任当成自己的使命，把责任当成生命。他们用宗教的虔诚来看待自己的职业，并把这种虔诚完全融入到产品的生产过程中去。

每一个员工都要有这种精神，都要学习德国人的严行和负责才对。工作就意味着责任，一份工作就必须要承担一份责任，勇于负责是一个职员最基本的职业道德素质。当你因为面对工作的难题而苦恼时，记住这是你的工作。你选择了它，就要有为它负责到底的准备，因为选择工作的同时也选择了责任。对你的工作负责，就是对企业负责，对老板负责，更是对自己负责。

4. 高度的责任心是做好工作的前提

高度的责任心和负责的态度是做好工作的前提。没有高度的责任心，就不会有尽职尽责的作风，不会尽心尽力得到老板的认可。你受到了敬重，自信也会逐渐得到提升，更重要的是，你获得乐趣的同时也得到了生存的资本，提高了生存的能力。活儿是为别人做的，更是为自己做的。

张佩珏是培佳双语学校的老师，她曾在学校共青团干部的岗位上锻炼过四年，在这期间多次获得各种奖项，而且光荣地加入了中国共产党。鲜艳的党旗，让张老师感到了责任的无比神圣和庄严。张老师甚至还感到了自己的渺小，她从党旗的红色中读到了为事业献身的责任，她从党旗的黄色中读到了浑厚的如大地般深沉的力量。

作为一名党员教师，张老师就有一种大局意识。入党后一年，还刚刚怀孕的张老师沉浸在即将做母亲的喜悦之中，可是，在一次例行检查中,医生发现身体单薄的张老师心脏跳动异常,医生毫不犹豫地开出了一个月的病假单。怀揣着这张叫人忧心的病假单,张老师犹豫了:学校对每一位教师都提出了很高的工作要求,身边的同事们已经非常忙碌,学校又没有多余的人手,如果请了病假,不就打乱了学校的正常教学秩序?不是给同事们带来沉重的负担?学生将长期由代课老师教,对他们放心吗?我是共产党员,我怎么可以给学校制造麻烦?在家人的支持下,张老师把那张病假单藏在了抽屉里。她对自己说:"责任比身体重要。"

于是,在她怀孕期间的病假单,积在抽屉里有了七八张,可她一张也没用上。她每天仍遵循着一个普通老师的考勤制度,直到给学生上完大考前的所有复习课。仅仅一周后,张老师就生产了。可有谁知道,张老师早已需要每天回家吸氧,又有谁知道为了一句"不给学校添麻烦,我是共产党员",她的母亲也为她的健康熬白了头发,增添了皱纹。孩子生下来的那一刻,这个做外婆的来不及端详外孙女,便一路跌跌撞撞地跑到护士长那里,询问外孙女的心脏是否有问题。当听到护士长肯定地回答"没有问题"时,这个做外婆的掉下了眼泪。

因为责任,张老师的工作才有力量;因为力量,张老师的工作才有如此优秀的表现。

责任心是做好工作的前提,责任心是能力的承载。有责任心的人一定会努力、认真工作;有责任心的人一定会工作细致,听从安排,乐于协作;有责任心的人做任何一件事都会坚持到底,不会中途放弃,说到做到,有个交代;有责任心的人一定会按时、按质、按量完成任务,解决问题,能主动处理好分内与分外的相关工作,在有人监督与无人监督时都能主动承担责任而不推卸责任。

只有真正领悟到"工作就意味着责任",真正领会到责任的重要性,百分之百负责地完成自己的工作,才能把工作做好。相反,不负责任,是绝难做好工作的,有时带来的,甚至是惨剧的发生。

2002 年 9 月 23 日晚,内蒙古丰镇市第二中学,晚上 7 点补课结束后,1500 多名学生在从该校教学楼东西两个楼道口下楼时,一段楼梯护栏突然坍塌。由于没有灯光,再加上楼道内拥挤,致使下楼至此的学生不断摔下楼梯,最终酿成 21 人死亡、47 人受伤的惨剧。

仅一天时间,警方就公布了事故调查结果:学校基础管理工作混乱。其一,事故发生地的楼梯 12 盏灯中 1 盏没有灯泡,11 盏不亮。事故发生的当天下午,还有老师向校长反映灯泡照明问题,校长以“管灯泡的人员不在”为由,未及时处理潜在的安全隐患;其二,技术监督部门怀疑丰镇二中教学楼楼梯护栏实际使用的钢筋强度不够;其三,学校在这座教学楼未经验收的情况下就投入使用了;其四,事故当天,应该带班在岗的校长正与市教委、本校和其他学校的 18 位老师在当地一家饭店喝酒。

事实上,从楼体建筑,到技术监督,到设施配置,到老师的管理,如果上述任一方面有点责任感存在的话,这场惨剧就可以完全避免。一次责任感的缺位,致使 21 名学生付出了生命的代价,可见责任感对于工作的重要。

责任是做好工作的前提和保证。无论你做什么工作,无论你出身名门望族还是普通平民,无论你位居高职还是处于金字塔的最底层,都要充分意识到自己工作的意义和承担责任的重要。责任心是一个人对自己的所作所为负责,是对他人、集体、社会、国家乃至整个人类社会承担责任和履行义务的自觉态度.如果一个人没有责任心,即使再有能力也不可能做出成绩来。只有那些认真、负责地对待每一件工作,忠于职守,毫不吝惜地对工作投入精力和热情,勇于担当,敢于负责的人,才能取得成绩,获取信任,得到更多的机会和更大的工作舞台,从而成就自己的人生。

5.没有做不好的工作，只有不负责任的人

几乎每一个优秀的企业都非常强调责任的力量。在华为公司，其文化的核心价值观念之一就是："认真负责和管理有效的员工是我们公司最大的财富。"在海尔，每个人坚守和履行的价值观念之一就是："在人际交往中永远保持诚信的品德，永远具有强烈的责任意识。"在联想，"责任"贯穿于员工们的全部行动中。正是因为责任，才让他们不断从优秀到卓越、从弱小到强大，长盛不衰，不断发展。

事实上，只要有责任心，不管什么样的工作都可以做好、做优秀、做圆满、做出成绩。任何工作在责任心的指导下都会被你做出成绩来。即使是洗厕所这样的事情，只有要责任心，一样可以洗出成绩来。我们可以肯定地说，世界上没有做不好的工作，只有不负责的人。

所以，如果你的工作没有做好，首先要检查自己的责任心，要问一问自己，"我是不是始终在以高度的责任心对待工作？"因为失去了责任心，工作就会打折，就会找借口，就会推托，就会耽误工作，影响工作，带来的就只能是损失。

有责任心则大不一样，不论多么困能、多么难做的工作，在责任心的驱使下，也一样可以做好，做出成绩。

"打黑"和"从严治警"，是近年来摆在公安系统面前的两大难题。尤其是媒体披露了一些和黑社会有密切关联并充当"保护伞"的公安干警，不少老百姓对公安系统解决好这两大难题没有信心，有的人甚至说这是治不好的"癌症"。

然而，这两大难题，却让同一个人很好地解决了。他就是曾任辽宁省铁岭市和锦州市公安局党委书记、局长，2008 年调任重庆市公安局常务副局长、党委副书记，有着"打黑英雄"、"扫黑局长"之称的王立军。

王立军在辽宁省铁岭市任职时，地痞欺压、敲诈人力三轮车夫的问题很突出，面对这样的情况，大家一筹莫展。因为那些地痞犯的事通常都还没有严重到判刑入狱的地步，只能是拘留几天加强教育。可对那些地痞来说，关个几天根本就无所谓，对他们一点作用都没有，出来了照样我行我素。就这样屡教不改，屡抓屡犯，耗费了大量时间和警力，成效却甚微。

这该怎么办？

可能很多人都会想，那我也没办法，我也不是不愿意有所作为，但该做的也已经做了，管不好也只能由它去了。

但是王立军想的却不一样，他认为这事不仅要管，还要管得彻底，因为这是作为警察的责任。警察你不保护人民的安全，还算什么警察呢？这样的决心一下，解决的方法随之也就出现了：既然关几天你不在乎，那么就来点让你在乎的。

于是，王立军下令：再当场抓到这样的地痞，不但要依法严惩，还要让他把兜里所有的钱都掏出来，作为给三轮车夫的赔偿。地痞敲诈三轮车夫的目的，就是想弄点钱。这样一来，不仅别人的钱敲诈不到，自己的钱还得全搭进去，能不管用吗？

这样的方法一出来，立即就收到了明显的效果，地痞敲诈三轮车夫事件大大减少，而王立军也因此在三轮车夫中间树立了很高的威望，甚至出现了一天深夜王立军下班回家，后面跟了十几辆三轮车送他的感人场面。

曾经有一段时间，重庆的黑社会团伙十分猖獗，很多人觉得这个问题难以解决。薄熙来担任重庆市委书记后，下决心彻底解决这一问题，于是把王立军调了过来。

王立军二话没说接受了安排。到了重庆后，王立军立即采取了得力措施与方法展开工作，在短短的时间内，通过“打黑行动”，抓获2千余名嫌疑人，破获刑事案件1700余件。2008年7

月10日，重庆警方开始“夏季社会治安综合整治行动”，80天共破获刑事案件32771起，逮捕9527人。不仅如此，他还将原来的公安局副局长文强等“黑保护伞”打掉，获得海内外一片好评。

不说别的，光看这几个数字，就可以想象，之前重庆的“打黑”工作遗留和积压了多少问题没有解决，而实际工作起来的难度又会有多么大。但王立军以高度的责任心，勇敢地接下了任务，而且圆满地完成了。

王立军的做法，与一般人的做法，形成了鲜明的对比。在工作中，“没办法”常常是一些人口中出现频率最高的句子，实际上往往也成为了他们不去解决棘手问题的借口。那么，为什么一些难以处理好的问题，在王立军这里就能解决好呢？

很简单，他在责任心的指导下，要求自己没有任何借口，即使一时“没办法”也逼着自己想方法。可见，没有什么工作是难做好的，只要有责任心在，只要下苦工夫去做，再难的工作也能做好。

只有要高度的责任心，就能面对任何困难，就能把最困难的任务完成，把最难做的工作做好。

6. 责任也是机遇，承担责任就是把握机会

责任就是机会，责任＝机会，当你对别人负责时，别人也会为你负责，当你对工作负责时，你就会赢得同事和老板的信任，你就拥有了比别人更多的机会。

常常听到有人问：“机会在哪里？”可以这么说，机会就蕴藏在责任之中。责任就等于机会，承担责任的人不一定马上会见到成效，但终会得到回报。具有责任感而努力工作的员工每时每刻都在把握着属于自己的机

会，希望我们每个人都能深刻认识到这一点，并反思一下自己是否因不敢承担责任而导致了许多大好机会的流失。

小田千惠是日本索尼公司销售部的一名普通接待员，工作职责就是为往来的客户订购飞机票、火车票。有一段时间，由于业务的需要，她时常会为美国一家大型企业的总裁订购往返于东京和大阪的车票。

后来，这位总裁发现了一个非常有趣的现象：他每次去大阪时，座位总是紧邻右边的窗口，返回东京时，又总是坐在靠左边窗口的位置上。这样每次在旅途中他总能在抬头间就能看到美丽的富士山。

“不会总有这么好的运气吧？”这位总裁对此百思不得其解，随后便饶有兴趣地去问小田千惠。

“哦，是这样的，”小田千惠笑着解释说：“您乘车去大阪时，日本最著名的富士山在车的右边。据我的观察，外国人都很喜欢富士山的壮丽景色，而回来时富士山却在车的左侧，所以，每次我都特意为您预订可以一览富士山的位置。”

听完小田千惠的这番话，那位美国总裁打内心深处产生了强烈的震撼，由衷地称赞道：“谢谢，真是太谢谢你了，你真是一个很出色的雇员！”

小田千惠笑着回答说：“谢谢您的夸奖，这完全是我职责范围内的工作。在我们公司，其他同事比我更加尽职尽责呢！”

美国客人在感动之余，对索尼的领导层不无感慨地说：“就这样一件小事，贵公司的职员都做到尽职尽责，那么，毫无疑问，你们会对我们即将合作的庞大计划尽心竭力的，所以与你们合作我一百个放心！”

令小田千惠没有想到的是，因为她的尽职尽责，这位美国总裁将贸易额从原来的500万美元一下子提高至2000万美元。

更令小田千惠惊喜的是,不久她就由一名普通的接待员提升至接待部的主管。

机会就在工作中,就在你的尽职尽责里。就像小田千惠这样,将责任根植于内心,在日常的行为和工作中,这种责任意识会让她表现得更加卓越,也让她得到更多发展的机会。

对待责任,目光短浅的人看到的是付出、是限制,目光长远的人则看到的是前途、是成长。

丁勇,2005年5月加盟王老吉,12月接到通知前往上海,要拓展上海的市场。这是一场难打的硬仗,打得不好,可能自己也会一蹶不振,但这也是一次巨大的机遇,可能有很多人在职场上打拼多年,都不一定有机会承担这么大的责任。但是丁勇不仅看到了要承担的责任,也看到了这个责任背后的巨大的机遇,丁勇没有犹豫,勇敢地接下了这个任务。

万事开头难。为了尽快地使产品打入上海,丁勇上班时马不停蹄地奔走于一个个商场、超市;下班后,听取各个业务员的意见反馈,逐一解决业务员当天遇到的难题,并提供建议。他问得最多的是:"你们今天遇到什么困难?""你们认为怎么解决会比较好?""我的建议是……"就这样,很多事情都是在前一天晚上才找到最好的处理方法。

丁勇不断地想办法,积极地、创造性地解决问题,急为客户急,想为客户想,赢得了客户的信任,也得到了下属的支持。丁勇以他的实干精神和个人魅力,团结了一批优秀的销售员工。王老吉公司上海办事处各项工作随之迅速走上正轨。2006年的销售额比2005年增长1900%,超额完成了公司下达的销售任务。2007年公司下达给上海办事处的销售任务是在2006年的基础上增长285%,但是截至到2007年8月中旬,他们已完成了全年的目标任务,大幅度超额完成目标已成定局!丁勇也坐稳了上海市场的头把交椅。

作为企业的一员，我们在任何时候都不能失去责任感，放弃责任就是放弃了机会，而放弃机会也就放弃了成功的希望。

勇于负责，会让你在工作中崭露头角，做出优异的成绩，这样自然比别人更能获得加薪和晋升的机会。勇于负责，会让你敢于承担更大的责任，积极主动地为公司发展出力流汗、建言献策，这样自然会得到老板的青睐，受到大家的好评，实现自己的人生。

湖南省娄底市双峰县永丰供电所所长胡永钦是全国供电系统“农电优质服务先进人物”、国家电网公司的特级劳模。这是他主动做事情、揽责任换来的成就和荣誉。

胡永钦在1983年通过公开招聘进入蛇形山农电站当了一名农电工。当时，整个中国农电事业正处于初步发展阶段，人手少，资料、设施不齐，并且收电费一直都是手工开票，统计烦琐，工作量大，而且非常容易出错。管理手段落后是所有从事农电工作的人所要面对的现实。胡永钦决心以自己的能力来改变这个现实。为此，他买来很多有关电力知识的书籍，白天工作，晚上自学，并且琢磨着能不能开发应用软件，可以自动统计电费，还可以打印报表。

1988年，在经济非常窘困的情况下，他自费到长沙大学学习电子、电脑知识。20世纪90年代初，电脑还非常稀缺，懂电脑的人更是凤毛麟角，胡永钦又花掉了结婚时的礼金，举债4000元，购买了一台旧电脑，开始钻研。

经过长期的钻研，胡永钦的第一个成果“电量电费管理系统”开发成功了。这套软件方便而且不容易出错，规范了电费开票工作。随后，他又开发出“工资核算管理系统”、“农电财务核算软件”，把财务人员从复杂的财务核算工作中解放出来。1999年，他又相继开发出“银电联网收费系统”和“供电所综合管理软件”。2000 年，他又配合农村电网改造工程开发了“农网改造预(决)算软件”。2002 年，胡永钦又研发出“配电运行远程监控系统”……

现在胡永钦已经是全国供电系统的模范，实现了自己的人生理想。

责任就是机会，承担责任也是在把握机会，相反，推卸责任也是在抛弃机会。所以，要升职，要加薪，要有所成就，要获得成功，必须以高度的责任心负起你的责任。

7. 责任也是标准，敢负责任才能担当大任

负责任的人往往勤勤恳恳，踏踏实实，认认真真，仔仔细细，能坚守自己的岗位，能竭尽自己的所能，把自己的工作做到最好，把自己的责任完美地承担起来。这样的人，才是可堪信任的人，老板才能放心地把重任交付与你，也才相信你能够担当重任。一个没有责任心、不负责任的人，是谁也不敢提拔不敢重用的——有哪个老板敢冒这样的险呢？责任，其实也是老板提拔和选人的标准——敢负责任的人才能担当大任。

张亚和朋友李尔前往一家公司应聘。那家公司待遇优厚，参与应聘的人不少。面试结束后，主考官说还需要复试一次，让他们 5 天后报到。

5 天后，他们早早地来到了公司。公司老总亲自为他们安排了当天的工作——给每人一大捆宣传单，让他们到指定的街道各自发放。

张亚抱着传单，来到了划定的地盘，见人就发给一张。有的人接过去了，有的人连理都不理，有的接过去就随手扔在地上，他只好捡起来重发。忙碌了一整天，可手上的传单还剩厚厚的

一叠。

下午5点，张亚拖着一身的疲惫回公司交差。走进公司办公室，他看见其他人都已经回来了。李尔一看到他就说："你怎么还留那么多传单在手中?"张亚一看大家手上都是空的，心慌了。

老总问张亚发了多少。他涨红着脸，把剩下的传单交给老总，难为情地说："我干得不好，请原谅。"在回家的路上，李尔一个劲儿地埋怨张亚，骂他傻，并告诉张亚自己的传单也没发完，剩下的全都扔进了垃圾桶，其他人想必也是如此。张亚这才恍然大悟，心想这份工作自己肯定没指望了。

结果却大出意料。在那次招聘中，张亚成了唯一的被录用者，让人感到很纳闷。

半年后，张亚因为业绩突出，升任部门经理。在庆典晚宴上，他询问老总当初为何选择了他。老总说："一个人一天能发放多少传单，我们早就测试过。那次我给你们的传单，用一天时间肯定是发不完的。其他人都发完了，唯独你没有，只有你是对自己工作负责。我们当然会选择负责的人，不负责任如何可以担当大任?"

张亚感慨地对人说："那一次求职经历我始终不能忘记，它让我明白了一个受用一生的道理：敢负责任才能担当大任。"

评价一个人是"负责任的"，"有责任心"的，隐含的意义就是这样一个人是值得信任的，可以放心的。口碑自然也就建立起来，隐形的资源也就建立起来了。在一个企业，一个圈子，一个团体，一个社会，负责都是最重要的品质，也是最最能得到老板信任的品质。责任的付出与回报是等值的。

让我们翻开历史，看看那些担当历史重任的大人物，哪个不是具备敢于承担责任的优秀品质的人?

在华盛顿年幼时，有一天他拿起斧头砍掉了自家院中的一棵樱桃树。这棵树是他父亲花了很多钱从英国买回来的，当父亲知道樱桃树被砍了之后非常生气，说一定要严惩砍树之人。全家人都很害怕，此时，华盛顿勇敢地站出来，承认是自己砍的树。所有人都认为他肯定会受到严惩，谁知老华盛顿见儿子这么负责，不仅没有惩罚他，反而激动地抱起他来，由衷地赞赏说："你的行为已经远远超过了一千棵樱桃树！"果然，长大之后的华盛顿始终以强烈的责任感来约束与激励自己，成为一位具有高尚品德的人，为美国独立做出了巨大的贡献。并成为美国首任总统。

从来没有听说不负责任的人能够成功，从来也没有听说不负责任的企业能够良性发展，更没有听说过一个不负责任的人可以担当大任。所以，要想在老板的手下争得一席之地，首先要有责任心。

8.不要推卸责任，推卸责任就是放弃成功

世界上最愚蠢的事情就是推卸责任。日常生活中，每个人都难免会出现错误，但是，当问题发生后，有些人为了推卸责任，找出许多借口为自己来辩解，并且说得振振有词，头头是道。"他们不采纳我的建议"、"我是按照公司的要求做的"、"这不能怪我"，等等，其实，这样做并不能把责任推得一干二净。

职场上有这样的一则寓言：

三只老鼠一同去偷油喝。找到一个油瓶后，三只老鼠商量，一只踩着一只的肩膀，轮流上去喝。于是三只老鼠开始叠罗汉。当最后一只老鼠爬上另两只的肩膀时，不知什么原因，油瓶倒了，惊动了主人，三只老鼠逃跑了。

回到老鼠窝，大家开会讨论为什么会失败。最上面的老鼠说："我没有喝到油，而且推倒了油瓶，是因为下面第二只老鼠抖动了一下。"第二只老鼠说："是因为第三只老鼠抽搐了一下，我才抖动的。"第三只老鼠说："我因为听见门外有猫叫，怕了才抖的呀。""哦，原来如此呀！"三只老鼠恍然大悟，它们都没有责任。没有责任感，员工就会出现老鼠的心态，寻找理由推卸责任，个人的工作做不好，公司的整体效应也会受影响。

有的人因误会和同事打架。他给自己的理由是："他没有教养，他骂我。"朋友说了一句话："那你就有教养，你还打人呢。"两句话，体现了这种推卸责任的心态。很多公司，销售业绩下滑，质量上不去，管理一团糟。每个员工，每个部门都为自己找到冠冕堂皇的借口。借口可以敷衍别人，却糊弄不了我们自己。最终大家都没有油喝。如果一个公司里没有人愿意承担责任，所有人的精力都浪费在如何去制造一个很好的借口上，那么也就不会有人去寻找解决问题的办法。

理由让我们暂时逃避了困难和责任，获得了些许心理慰藉。但一味地寻找理由无形中会提高沟通成本，削弱团队协调作战能力。如果养成寻找理由的习惯，当遇到困难和挫折时，就不会积极地去想办法克服，而是找各种各样的理由。理由的背后也意味着"我不行"和"不想去努力"。长期这样，会导致个人的消极懈怠、一事无成，也会导致团队的战斗力丧失和落败。

工作中，每个人都会有犯错误的时刻。但如果你勇于承担责任，错误不仅不会成为你发展的障碍，反而会成为你前进的推动器。

林瑞是一家商场新招聘的笔记本电脑销售员，尽管他的业务还不熟练，但他认真负责的工作态度，却赢得了大家的一致好评。

一天，林瑞在销售电脑时一时疏忽，把一台价值两万元的笔记本电脑，以一万元的价格卖给了一位顾客。发现错误后，林瑞十分着急，一时之间不知该怎么办。有同事帮他出主意，告诉他完全可以向那位顾客追回这一万元，毕竟电脑的实际价格就是两万元。如果他不希望因为追款引起太多的事，给自己的发展造成阻碍，还可以自己筹齐一万元悄悄地入账，这样就可以悄无声息地结束这件事。对于同事的建议，林瑞觉得都不太妥当，他决定自己去经理那承认错误。同事们听了他的想法大吃一惊，异口同声地说："你疯了，林瑞，那样你肯定会被辞退的。"但林瑞心意已决，仍然坚持自己的决定。

在下班之前，林瑞手拿一个信封来到经理的办公室。"经理，对不起，我为我所犯下的错误感到羞愧。这一万元是我这几年省吃俭用存下来的，请您收下，希望可以弥补我给公司带来的损失。如果你要因此开除我，我没有任何怨言。"

听完林瑞的话，经理问："你真打算用自己的钱填补那一万元的亏空？"

"是的，经理，"林瑞说，"虽然我可以按照顾客留下的联系方式。找到顾客让他付这笔钱。但是为什么要去找他呢？是我业务不熟把两种笔记本电脑的价格弄错了。这完全是我的错误，我应对这个失误负有全部的责任才对。而且，这样做还会影响商场的声誉，不是吗？"林瑞勇于认错、敢于担当的精神深深感动了经理，因此他并没有像其他人所想的那样开除林瑞，相反，他从这件事上看到了林瑞勇于负责的精神，因此在以后的工作中，他给了林瑞更大的发展空间。

世界上最愚蠢的事情就是推卸责任。推卸责任不仅对完成工作没有半点好处，只会给自己的错误和不负责任寻找理由，这样的人最终什么也得不到。

千万不要利用自己的功绩或手中的权力来掩饰错误，从而忘却自己应承担的责任。人们习惯于为自己的过失寻找种种借口，以为这样就可以逃脱惩罚。正确的做法是，承认它们，承担它们，并尽一切的努力弥补过错。这样做，并不会因过错削弱你的能力，因失误降低你的威信，相反，还会因此锻炼出你勇于承担责任的意志和精神，让你更加可信，更加勇敢，从而更加负责。

一家化工厂是生产日化用品的，由于厂房地势较低，每年都要经历一至两次的抗洪抢险。有一年夏天，老板出差到广东去了。出差之前，他叮嘱几位主要负责人："时刻注意天气预报。"

有一天晚上，远在广东的老板给几位负责人打电话，因为他看到天气预报说有雨，担心厂房被淹。当时，厂房所在地已经下雨了，可能由于天气关系，老板一连打了几个电话，都打不通，最后打到了财务经理的家里，让他立即到公司查看一下。

"嗯，我马上处理，请放心！"接完电话，财务经理并没有到公司去，他心里想：这事是安全部的事情，不该我这个财务经理去处理，何况我的家离公司还有好长一段路，去一趟也费事。于是，他给安全部经理打了一个电话，提醒他去公司看一下。

安全部经理接到电话时有些不愉快，心里说："我安全部的事情，不需要你来管。"他也没有去公司，当时他正在打麻将，连电话也没有打一下，他心里说："反正有安全科长在，不用管它了。"

安全科长没有接到电话，但他知道下雨了，并且清楚下雨意味着什么，但他心里想有好几个保安在厂里，用不着他操心。当时，他正在陪朋友喝酒，甚至把手机也关了。

那几个保安的确在厂里，但是，用于防洪抽水的几台抽水机没有柴油了，他们打电话给安全科长，科长的电话关机，他们也就没有再打，也没有采取其他措施，早早地睡觉去了。值班的那一位睡在值班室里，睡得很沉，他以为雨不会下得很大。

到凌晨两点左右，雨突然大起来，值班保安被雷声吵醒时，水已经漫到床边！他立即给消防队打电话。

消防队虽然来得很及时，但由于通知太晚，六个车间还是被淹了五个，数十吨成品、半成品和原材料泡在水中，直接经济损失达300多万元！

事后，追究责任时，每一个人都说自己没有责任。

财务经理说："这不是我的责任，而且我是通知了安全部经理的。"

安全部经理说："这是安全科长的责任。"

安全科长说："保安不该睡觉。"

保安说："本来可以不发生这样的险情，但抽水机没有柴油了。是行政部的责任，他们没有及时买回柴油来。"

行政部经理说："这个月费用预算超支了，我没办法。应该追究财务部责任，他们把预算定得太死。"

财务部经理又说："控制开支是我们的职责，我们何罪之有？"

老板听了，火冒三丈："你们每个人都没有责任，那就是老天爷的责任了！我并不是要你们赔偿损失，我要的是你们的态度，要的是你们对这件事情的反思，要的是不再发生同样的灾难，可你们却只会推卸责任！"

自己的工作要自己负责，自己的责任要自己来承担。

有一句著名政治家的名言是"责任在此，无可推卸"。是的，工作着就意味着责任，责任在此，怎么可以推卸？责任就是你的使命，推卸责任就是放弃成功，优秀的员工比谁都更明白这一点，也就比谁都更坚守自己的责任，因而他们也更能得到老板的赏识和重用，更容易成功。

第四章　能干一点，你的能力才能体现你的价值

能力第一，是职场的铁律。没有能力，没有业绩，就算你再怎么勤奋、怎么忠诚、怎么肯干，也没有用——因为你再肯干也干不了什么，老板是不会看重这样的员工的。是金子就让它闪光，有能力就大胆展现，越能干越能得到欣赏，越能担当重任，越不可替代，那么，你为什么不能能干一点再能干一点更能干一点呢？

1. 能力永远是老板欣赏你的理由

在职场，关键还是能力，这是没有人可以否定的。能力第一，是职场的铁律，也是老板之所以重用你、欣赏你的最根本的理由。

可能会有人说，不，除了能力，还有比能力更重要的，比如忠诚，比如勤奋，比如热情，比如责任心，比如主动性……是的，是的，你说得都对，这些素质有时候是显得比能力还重要，但是问题是，不管这些素质在工作中、在老板的脑袋里藏了多久，最后落到实处的、最为重要的，还是——能力。

小李和小王差不多同时受雇于一家超级市场，开始时大家都是从最底层干起。可不久小李受到总经理的青睐，一再被提升，直到部门经理。小王却像被人遗忘了一般，还在最底层。终于有一天小王忍无可忍，向总经理提出了意见，并自认为总经理用人不公平。

总经理耐心地听着，他了解这个小伙子，工作肯吃苦，但似乎缺少了点什么，他一时半会也说不清楚，说清楚了小王也不一定明白。不过，总经理忽然有了个主意。“小王，”总经理说，“请您马上到集市上去，看看今天有什么卖的。”小王很快从集市回来说，刚才集市上只有一个农民拉了车土豆在卖。“一车大约有多少袋，多少斤？”总经理问。小王又跑去，回来说有10袋。“价格多少？”总经理问。小王再次跑到集上。总经理望着跑得气喘吁吁的他说：“请休息一会吧，你可以看看小李是怎么做的。”说完叫来小李对他说：“小李，请你马上到集市上去，看看今天有什么卖的。”

小李很快从集市回来了，汇报说到现在为止只有一个农民在卖土豆，有10袋，价格适中，质量很好，他带回来几个给总经理看。这个农民过一会儿还将弄几筐西红柿，据他看价格还公道，可以进一些货。这种价格的西红柿总经理可能会要，所以小李不仅带回几个西红柿作样品，还把那个农民也带来了，他现在正在外面等回话呢！

小李和小王两人，谁更有才，一目了然，那谁更应受到重用也就不言而喻了。小王不得不服了。

事实表明，品格优秀，又业绩斐然的员工，是最令老板倾心的员工。如果你在工作的每一阶段，总能找出更有效率、更经济的办事方法，你就能提升自己在老板心目中的地位。你将会被提拔，会被实际而长远地委以重任。因为出色的业绩，已使你变成一位不可取代的重要人物。如果你仅仅忠诚，总无业绩可言，尽忠一辈子也不会有什么起色，老板想重用你也会犹豫，因为把重要而难办的事交给你他不放心。更进一步讲，受利润的驱使，再有耐心的老板，也绝难容忍一个长期无业绩的员工。届时，即使你忠心不贰，永不变心，老板也会变心，甘愿舍弃有忠诚无业绩的你，留下业绩突出的员工，这是一个企业发展的需要。所以，对你来说，最根本的关键就在于不断努力提高自己的工作能力，当你能力得到提升时，你才会受到老板的重用。

菁菁所在的公关部原定只有七人，注定有一人迟早被裁，加上部门经理位置一直空缺，如此便导致了内部斗争日益升级，进而发展到有人挖空心思抢夺别人的客户。

菁菁不喜欢这样的氛围，她只知道老老实实做事，甘当人人背后称道的无名英雄。她始终默默无闻，只管付出不问收获，出了名的逆来顺受，当然是被裁掉的最好选择。尽管论学历、论工作态度、论能力和口碑，她都不错，但她一直没有好好地在老总面前表现自己，老总也一直以为她没有什么能耐。

接到人事部提前一个月下达的辞退通知之后，菁菁好像当头挨了一记闷棍一般，她半天也没回过神来。她怎么也没想到，自己两年多的努力不仅没有得到承认与尊重，反而得到的是被裁的待遇，她实在有点不甘心。

有一天，一个和公司即将签约的大客户提出要到公司来看看。这家客户是一家大型合资企业，一旦和这家大客户签下长期供货合同，全公司至少半年内衣食无忧。来参观的人中有几个是日本人，并且还是这次签约的决策人物，这是公司没有想到的。见面时，因双方语言沟通困难，场面显得有些尴尬。就在公司老总颇感为难之际，菁菁不失时机地用熟练的日语同日本客人交谈起来，给老总救了场。菁菁陪同客人参观，相谈甚欢。她凭借自己良好的表达能力和沟通能力，丰富的谈判技巧和对业务的深入了解，终于顺利地签下了大单。

菁菁随机应变的表现能力，以及熟练的日语会话能力，让老总对她大加赞赏。她在老总心目中的分量也悄悄发生了变化。一个月后，菁菁不仅没有被辞退，还暂时代任公关部经理。

说到底工作还是凭本事、靠能力才能做好，老板也是看能力凭能力选人的。靠人缘、关系也许能风光一时，但也是脆弱的、经不起考验的。

能力素质的高低，直接关系到工作效率、工作业绩的优劣。有领导能力，才能够运筹帷幄，从全局上把握正确的方向；有公关能力，才能疏通、协调好各种关系；有创新能力，才能大胆创新、锐意改革；有语言能力，才能通过语言感召力，使群众一呼百应，各方面的管理井井有条，富有效率和生机。而那些才能平庸的员工，对工作把握不住，主攻方向不明，工作效率低下。这些人整天忙忙碌碌，哪里有事到哪里，但是忙不出什么效果，甚至急得像一团乱麻，越忙越理越乱，可就是看不出半点成绩。这种员工，如要勤奋，有的也不过是苦劳，而不会有功劳。

职场靠的还是能力，能力强，走到哪里都吃香，哪个老板都欣赏。

2.专业技能，最有力的晋升武器

专业能力是每一个员工赖以生存的基本能力，也是一个员工超越平凡走向卓越让自己不可替代的重要能力。从众多成功人士身上我们可以看出，他们都有很特别、很高超的专业知识和技能：李嘉诚是地产专家，邵逸夫对电影了如指掌，包玉刚是航运百科全书，而霍英东除了对地产精通之外，更对“政治沟通”有“博士级”的领悟。可见专业能力也是成功的重要前提。

中国有句古话：“良田万顷，不如薄技随身。”有一技之长的员工毫无疑问具有更强的竞争力，更不可替代。

成功学大师拿破仑·希尔说：“**专业知识是这个社会帮助我们将愿望化成黄金的重要渠道。**也就是说，如果你想获得更多的财富，就要不断学习和掌握与你所从事的行业相关的专业知识。不论如何，你都要在你的行业里成为一等一的专才，只有这样，你才能鹤立鸡群，高高在上。”

出生在巴西普通家庭里的莱特，很小的时候就凭着自己超人的足球天赋进入了少年足球俱乐部，并且在一系列的赛事中大放光彩。莱特19岁的时候就成为了巴西著名俱乐部圣保罗的一员，而且很快就打上了主力的位置。在全国联赛中，他很快就成为了人们的焦点。人们很快就被这个有着惊人天赋的少年所征服，被他出色的球技征服。每当他出场时，四周都会响起潮水一般的欢呼声。

他也不负众望，带领着球队赢得了一次又一次胜利。与此同时，他还代表国奥队参加了许多重大比赛，每次都有不俗的表现。就这样，他在赞誉声中度过了几年美好时光。然而，天有不测风云，他平静的生活很快就被一系列的变故打乱了。他所在的俱乐部，因为种种原因而战绩不佳，惹来了球迷的一片骂声。

接着，他又被伤病所困扰，身心备受折磨。这时候，所有的媒体也都把他当了新闻热点，让他头疼不已。

然而，他就在这种内外交困的情况下，他还是挺了过来。身体恢复健康的他，很快帮助国奥队赢得一场又一场重要的国际赛事。就在人们纷纷猜测他能在多久的时间里恢复最佳状态的时候，他却做出了让所有人都大跌眼镜的决定——去欧洲豪门AC米兰踢球。他的决定一出，立刻引来了一片反对声。人们都想不明白，在国内已经拥有众多球迷和高薪待遇的他，为什么要放弃这些得之不易的成功，而去欧洲俱乐部做一名可有可无的替补呢？要知道，去了欧洲之后，他就要从零开始，很有可能一无所获。

尽管身边响起了无数反对的声音，但他还是坚持去了AC米兰，到了欧洲后几乎没有人认识他，没有了球迷狂热的追捧和批评，没有了媒体的过度关注，他的生活变得简单轻松了，可以将全部精力放在心爱的足球上了。

在新的环境里，几乎没有人觉得这个年轻的毛头小子能有什么成绩。他每天的生活很简单，只是默默地在球场上练球，什么事都不用去想。在这样毫无压力的轻松生活下，他的潜力全部爆发出来，球技在很短的时间内有了迅速的提高，很快引起了主教练的注意，在随后的比赛里，教练让这个到AC米兰不到一年的少年频繁出场。毫无压力的他在比赛中创造一个又一个奇迹，他的无与伦比的高超球技让他再次成为球队的支柱，得到了所有球迷的认可。人们会高喊着他的昵称："卡卡！卡卡！"

2007年，他带领球队在赛场上所向披靡，凭借出众的球技和人品，成为了"世界足球先生"。

与其诸事平平，不如一事精通，你有"绝活"，这是取得业绩、成就伟业的关键，也是职业人士攀登职业高峰的秘诀，更是让老板关注你、提拔你、给你升职加薪的关键。

所谓的绝活就是:你的资源别人没有,你会的别人不会。这是你在职场能够安身立命的资本,也是晋升加薪最有力的武器。

在英国赛马界,有一位声望很高的权威亨利·亚当斯,他既不是声名显赫的老板,也不是技能出众的赛手,而是一位钉马掌的铁匠。亨利钉的马掌可以说是马蹄上最合适的马掌。他说:“我给它们钉了一辈子的掌,这就是我的工作,也是我最关心的事。我看到一匹马,首先想到的就是该给它钉一副什么样的掌最合适。”

他一辈子给人家钉马掌,为自己赢得了极高的荣誉。当他年事已高,找他钉马掌的赛手们仍络绎不绝,甚至要排队等候,因为在赛手们眼中,他是无人可替代的。

一个成功的经营者曾经说过:“如果你能专注地制作好一枚针,就比你制造出粗陋的蒸汽机赚到的钱更多。”公司需要精业的“专家员工”,想在激烈的市场竞争中更好地生存,就必须修炼自己,让自己成为一名“专家员工”。

“专家员工”都拥有一项真正过硬的本领,这是他们人生中的一笔财富,也是他们在职场上立于不败之地的一大法宝。

浙江省十大技能状元、全国劳模吕红兰,就是一个技能超群的典范。

1996年初中毕业的吕红兰成了杭州千岛湖商輅丝绸有限公司的一名缫丝挡车工,培训期间,她从不偷懒,对每一个环节都不停地练、反复地练。练习咬节速度时,舌头痛得连饭都不能吃,但她从不叫苦。吕红兰在生产实践中特别爱琢磨,除了学习总结师傅的操作经验外,还善于探索和创新,不断找出影响操作速度和质量的因素,完善辅助性的动作,创造了一套有助于提高产品质量的操作方法。20岁吕红兰就成为了淳安县技术能手,

21岁获得省级缫丝工技术比武全能第一名,22岁为全国技术能手、省级操作能手、杭州市劳模,23岁成为杭州市首批职业技能带头人,24岁为浙江省劳模,25岁为全国劳模,这些就是只有初中学历和10年工龄的吕红兰获得的荣誉。同时,她还被评为“十大职业技能带头人”,被授予“全国五一劳动”奖章、浙江省十大技能状元“金锤奖”称号。现在的吕红兰已是丝绸公司最舍不得、待遇最好的员工之一。

技能好比一座矿藏,如果我们的个人矿藏只比别人丰富一点,那么我们能不能够使它更加丰富一些呢?如果我们不比别人更富有,甚至更贫乏的话,那我们如何让自己成为那个不可或缺的人呢?要想不被人代替,你得有一手绝活。

你的“绝活”就是你的法宝,特别是在竞争日益激烈的职场中,你想占有一席之地,拥有名誉和地位,就必须选择一个目标,然后全力以赴,付诸行动,做到精益求精,成为“专家员工”,让自己不可替代,才能让自己成为企业最重要的、老板最欣赏的、员工最敬佩的“明星员工”。

3.执行能力,高执行力才有工作高效率

要取得业绩,得到同事的认可、老板的青睐,让自己前途光明,除了自动自发勤奋敬业的态度以外,还有一个重要的因素——执行能力。

何谓执行能力?对员工来说,执行能力就是员工完成任务的能力,也是必须具备的职业素质。员工的工作就是执行,没有执行能力就没有工作成果,更不会有竞争力。

远古的时候,有两个朋友,结伴去遥远的地方寻找人生的幸福和快乐。他们一路上餐风露宿,在即将到达目的地的时候,遇到了一片风急浪高的大海,而海的彼岸就是幸福和快乐的天堂。

关于如何渡过这片海,两个人产生了不同的意见。一个建议采伐附近的树木造成一条木船渡过海去;另一个则认为无论哪种办法都不可能渡得了这片海,与其自寻烦恼和死路,不如等海水流干了,再轻轻松松地走过去。于是,建议造船的人每天砍伐树木,辛苦而积极地制造船只,并学会了游泳,而另一个人每天躺下休息睡觉,醒来后到海边看看海水流干了没有。

直到有一天,已经造好船的朋友准备扬帆出海的时候,另一个朋友还在讥笑他的愚蠢。

不过,造船的朋友并不生气,临走前只对他的朋友说了一句话:“做每一件事不一定都成功,但不做一定没有机会获得成功!”

躺着思想,不如站起来行动! 只停留在分析和规划阶段,不去执行,就永远达不到目标。

执行力对于个人、对于企业、对于任何一个组织乃至国家来讲,都是一种竞争力。我们打造执行力的目的只有一个:塑造核心竞争力。要懂得客户的价值,要懂得专注,要懂得放弃,才会有真正的执行力和竞争力。

东北一家国有企业破产,被日本财团收购,厂里的人都翘首盼望着日方能带来让人耳目一新的管理办法。出人意料的是,日本人来了,却什么都没有变,制度没变、人没变、机器设备没变,日方就一个要求:把先前制定的制度坚定不移地执行下去。

不到一年,企业就扭亏为盈。日本人的绝招是什么?还是执行力。

执行能力是提高工作效率的秘诀。没有执行,再好的制度也不过是挂在墙上的标语写在纸上的戒律,没有任何用处;没有执行,再完美的计划也只不过是一份计划,永远不可能变成结果。只有执行才能使企业创造出实质的价值。没有执行,企业就失去了生存和成功的必要条件;没有执行,个人也就没有了半点竞争力。

作为公司的一员，员工在工作中应当严格执行公司下达的每一项任务，严格复命，不打折扣；应想尽办法、竭尽全力把任务完成，培养“一步到位”的执行精神，强化执行品质和效果。员工的执行力，决定着企业的团队是否是一个好的团队，是否是一个执行有力的团队。做一件事有好的决策未必有好的结果，如果执行得不好，这个结果可能就是不好的。由此可见，执行力是企业竞争力的重要保证。

执行能力是把计划变成结果的唯一途径，也是提高工作效率、完美完成任务的必要前提。没有执行能力，就不可能高效、完美执行，也不可能成为企业中的佼佼者，得到老板的青睐和重用。

4. 沟通能力，和老板坦诚相对和谐相处的前提

人与人交往需要沟通，在工作中，无论是员工与员工、员工与老板，还是员工与客户，都需要沟通。良好的沟通能力是工作中不可缺少的，有效的沟通保障了与同事、老板之间的信息畅通，有效的沟通促进效率的提升，有效的沟通更是团队合作、和谐工作的前提。一名优秀的员工绝不会是一个性格孤僻、拙于沟通的人，而应当是一个善于与人做良好沟通的人。

沟通是传达、倾听、协调，是团队成员必须具备的素质。通用电气公司前 CEO 杰克·韦尔奇曾经说过：“我始终认为人的因素是一个企业成功的关键所在。根据我 40 年的工作经验，我发觉所有的问题归结到最后都是沟通问题。”一个团队要有效地运作，最主要的因素就是沟通。因此，对一名团队成员来说，沟通能力是一种至关重要的能力。通用公司正是这样做的。

杰克·韦尔奇最成功的地方，是他在通用电气公司建立起了非正式的沟通方式。通过这种非正式沟通，韦尔奇不失时机

地让员工感到他的存在。他不断地沟通，而且永远不停止。他最擅长的沟通方式就是提起笔来写便笺，有给直接负责人的，也有给小时工的，这产生了无比强大的影响力。每次韦尔奇从文具夹中拿起黑色圆珠笔，不一会儿，就有便笺通过传真直接传给员工。

韦尔奇写这些便笺的目的是为了鼓励、激发和要求行动，他通过便笺表明对员工的关怀。韦尔奇知道，从他手中发出的只字片语都很有影响力，它们比任何长篇大论的演说都更能拉近他和员工的距离，而且这也是他能与下属们有效地传达重要观念的最佳方式，所以他乐此不疲。

1987年，韦尔奇向公司员工发表演说时指出："我们已经通过学习明白了'沟通'的本质。它不像这场演讲或录音谈话，它也不是一种报纸。真正的沟通是一种态度，一种环境。它是所有流程的相互作用，它需要无数的直接沟通，它需要更多的倾听，而不是侃侃而谈。它是一种持续的互动过程，目的在于创造共识。"

对韦尔奇来说，沟通是个人的事。个人的沟通有时远远超过程序化的沟通所达到的效果。管理者和员工一段随意的或短暂的对话远比在企业内部刊物上刊登大段文章来得更有价值。

采用这样的交流方式，管理者要能够让员工和自己畅通无阻地交流，互相理解，紧密合作，这样才能够最大限度地发挥团队作用。

沟通对于整个团队工作效能的提升十分重要。有很多时侯，造成工作效率低下、责任不明或是交接出现重大问题都是因为沟通而造成的。沟通不畅导致交接不顺，还会引发很多误会，不仅影响到同事和同事之间、老板和员工之间、员工和客户之间的和谐关系，更是许多重大失误甚至安全事故产生的直接根源，同时也是非常不利于员工自身发展的。这是非常值得老板和员工特别注意的地方。

有一位财会专业的女生到一家公司应聘财会，财务经理对她不太满意，但人力资源经理还是给了她一次机会，安排她从事客服工作。但是，这位女生的表现实在令人失望，她的性格过于内向，不喜欢沟通和交流，既不主动和同事打招呼，也不向"师傅"请教。很多时候，她不明白或者不清楚分配的任务也不会问上司，只是按照自己的理解去做，结果总是与上司的要求相差甚远，最终连这唯一的机会也丧失了。

在诸多人才辈出的现代组织中，信守"沉默是金"者无异于慢性自杀，即使有正确的工作态度和工作效果，充其量也只能让你维持现状。

作为员工，要想有所提高，更要主动积极地和老板沟通，引起老板对你的关注，也更好地领会老板的意图，把工作做得更好。作为老板，要积极地和员工接触、沟通，让员工明白老板的意图，并全心全力地按照老板的意图去努力。

这种沟通是平等的、公正的、自由的沟通，不是让你去拍老板的马屁，更不是让你去打小报告或是说是道非，而是心与心的沟通，是友好的交流和信息的互通，是为了企业为了工作的信息交流和理解支持。作为员工，更要积极主动与老板沟通。试着与你的老板握握手，让他知道你在想什么，让他知道如何才能更好地管理员工。老板并不是你的敌人，而是你的朋友。

一般来说，我们与老板沟通需要遵循以下四个原则：

1. 要认清沟通双方的角色

老板在公司里总要体现自己的权威，因此在与老板沟通时，不论你谈论什么、做什么，都得尊重他的权威，这样沟通的大方向就不会错。

2. 要了解老板的风格

每个领导都有其独特的领导风格，了解老板的性格是做到有效沟通的一大助力。如果你刚接受新工作，可以多向同事了解老板的习惯和要求，搞清楚他的性格特点和处事作风。

如果你的老板很霸气，那么他可能也很固执。对于这样的人，要采取“迂回”战术，不要急于把你的观点说出来，而是通过各种例子或事实来说服他。固执的人都有自己的主见，如果采取暗示的方式，他会更容易接受。

还有一些老板追求完美，做事情力求达到百分之百，不容许有任何的差错。与这样的老板沟通时，要把握好他的这种特点，万一不行，要及时改变沟通的目标。

当我们面对一些比较内向的老板时，会发现在跟他说话时，他好像没有什么反应。其实，这样的老板往往在心里已经有自己的想法，只是你察觉不到罢了。跟内向的老板沟通时，一定要注意观察他的言语、动作等微小细节，因为内向的人在细节上往往会把自己真实的想法表露出来，他嘴上说的，也许跟内心的真实想法并不一致。

3.要以公司利益为先

与老板沟通时，沟通的立场也很重要。如果你说话的立场完全是站在公司这一方，本着为公司赢得利润的方式来跟你的老板交流，相信他会立即采纳你的意见。

4.要主动报告自己的工作进度

每一个老板都十分关心自己下属的工作进程，因此，做下属的一定要主动、及时地报告自己的工作进度，让老板放心。有时小小的一点错误，发展到最后会变得很大，所以最好早早地向老板汇报你的工作进度，一旦有错误，他可以及时地帮你纠正，避免犯大错误。

在一个企业中，沟通应当遵循简单的原则，人与人之间的沟通应直截了当，心里想到什么说什么，不要把简单的问题复杂化，这样会减少沟通中的误会。言不由衷，会浪费大家的宝贵时间，瞻前顾后，生怕说错话，会变成谨小慎微的懦夫；更糟糕的是还有些人，当面不说，背后乱讲，这样对他人和自己都毫无益处，最后只能是破坏了集体的团结。正确的方式是提供有建设性的正面意见，在开始讨论问题时，不要拒人千里之外，大家把想法摆在桌面上，充分体现每个人的观点，这样才会有一个容纳大部分人意见的结论。因此，对员工来说，沟通是一种至关重要的能力，是和谐工作的前提。

5.合作能力，共赢才是真赢

这是一个强调合作的时代，也是一个告别个人英雄主义的时代，更是一个讲求以最小的投入获得最大产出的高效率的时代，强调共赢才是真赢的时代。

世界上的植物当中，最高大的当属美国加州的红杉。它的高度大约为90米，相当于30层楼那么高。一般来讲，越是高大的植物，它的根应该扎得越深，但是红杉的根却只是浅浅地扎在地表而已。根扎得不深的植物是非常脆弱的，只要一阵大风就能把它连根拔起，更何况红杉这么高大的植物呢。可是红杉却生长得很好，这是为什么？

原来，红杉不是独立长在一处，而总是一片儿一片儿地生长，形成红杉林。大片红杉的根彼此紧密相连，一株连着一株，自然界中再大的风也无法撼动几千株根部紧密相连的上千公顷的红杉林。

单个的一棵红杉因为帮助了红杉林的其他成员而得到红杉林的保护，进而保全了自己。这就是一种典型的双赢战略。

美国著名活动家韦伯斯特有一句名言：**“人们在一起可以做出单独一个人所不能做出的事业，智慧、双手、力量结合在一起几乎是万能的。”**一个人只有融入团队才能生存、成长。没人合作能力，个人的能力再强，也难以做出辉煌的成绩，因为没有全能的个人，只有完美的团队。

美国生物学家沃森和英国生物物理学家克里克之间的默契合作一直被科学界传为佳话。他们之间的合作也是一个相互取长补短、共同进步的范例。

1953 年 3 月 7 日，沃森和克里克夜以继日、废寝忘食地工作，终于将他们想象中的 DNA 模型搭建成功了。

沃森和克里克的模型正确地反映出了 DNA 的分子结构。此后，遗传学的历史和生物学的历史都从细胞阶段进入了分子阶段。

沃森和克里克的性格并不相同。沃森的发散思维独步天下，经常能有异想天开的创举，对他来讲，没有思维和科学的框架，天马行空一样，根本不按常理出牌；而克里克正好相反，他以严谨的逻辑推理著称，没有经过严密的推理得出的结论，是不会被他认可的。

但是，他们确实是互补的一对。沃森的突发奇想，经过克里克的严密论证，促成了 DNA 双螺旋结构的问世。假设他们分开来研究，沃森很难使他的突发奇想成为现实，而克里克恐怕也只能在前人的理论基础上苦苦徘徊。

合作的重要性不只体现在科研领域，在任何行业都一样至关重要。每一个人，因为性格、学识、阅历等各方面的限制，很难独立完成一项创造性的工作，只有把自己融入团队中的人才能取得成功。要融入团队，必须有团队意识，而要让自己拥有团队意识，首先就要摒弃“独行侠”、“个人英雄主义”的思想，和狂妄、自视清高、刚愎自用坚决作别，代之以众人拾柴火焰高、众志成城、齐心协力的团队意识。

然而有些职场中人，只工作不合作，宁肯一头扎进自己的专业之中，也不愿与同事有密切的交流。这样的人，想靠单打独斗把自己带到事业的顶峰是不可能的。因为，现代社会本身就已经是一个高度合作的社会，企业的每一个岗位都不过是企业运转中的一个小部件，没有其他岗位的配合和协作，根本不可能完成任务，即使是如打扫卫生这样简单的工作也需要制造扫把、自来水以及清洁剂合作才能真正保证卫生和干净。

在这个个性张扬、共性奇缺的时代，许多企业的老板越来越重视具有团队意识的员工。特别是招聘时，团队合作精神更是每家公司每个老板都非常注重的一个方面。

有一个刚毕业的女生参加麦肯锡公司的招聘。她的履历和表现都很突出，一路过关斩将，一直冲到最后一关。最后一关的题目是小组面试，这个女生伶牙俐齿、抢着发言。在她咄咄逼人的气势下，这个小组的其他成员几乎连说话的机会都没有。她认为自己在面试的时候表现很抢眼，被录取是十拿九稳的。然而，她落选了。麦肯锡公司的人力资源经理认为，这个女生尽管拥有很强的个人能力，但是很明显，她缺乏团队合作精神，招这样的人对公司的长远发展有害无益。

在一个团队当中，人人都需要集中全力使整个团队调整到巅峰状态，并且永久保持这种状态。如果没有团队成员的支持和帮助，个人的计划再详细，也难以圆满实现。

个人主义在职场上是根本行不通的，作为职场中的个体，你可能会凭借自己的才能取得一定的成绩，但你绝不会取得更大的成功。如果你善于合作，把自己融入到整个团队当中，依靠集体的力量，你就能把个人所不能完成的工作任务完成，老板也会因此对你另眼相看，从而提拔你。所以，要得到老板的重视，取得可观的成绩，获得成功的捷径，必须善于同别人合作，依靠团队的力量，和同事们通力合作，和同事、客户和老板共赢，才能有真正的成功等着你。

6. 解决问题能力是能力的终极体现

其实，不管你拥有什么样的能力，最终都会落到一个点上——解决问题。解决问题才是能力的完美展现，解决问题的能力才是所有能力的终极目的。老板最欣赏的员工就是能解决问题的员工，是能独当一面、替老板分忧解难、从来不会把问题留给老板的员工，也就是具有高超的解决问题的能力的员工。

20 世纪美国黑人运动领袖埃尔德·克利弗说，这个世界上有两种人：一种人是看见了问题，然后界定和描述这个问题，并且抱怨这个问题，结果自己也成为这个问题的一部分；另一种人是观察问题，并立刻开始寻找解决问题的办法，结果在解决问题的过程中自己的能力得到了锻炼、品质得到了提升。

但是我们也可以看到，职场中有许多人很勤奋，很努力，但就是不会解决问题，以至于被他沾手的工作总是问题一大堆，惹得大家都不高兴，不仅没有帮上领导或是老板的忙，反倒什么问题都推到老板这里来，老板当然不能忍受这样的员工，只能解雇他了。

米娜是典型的 80 后女生，所学的专业是文秘，毕业后在一家广告公司任办公室内勤的职务。由于这家广告公司的效益非常好，工资待遇非常不错，所以她很珍惜这份来之不易的好工作。

内勤工作虽然繁琐，但并不能说这是一项难度系数很高的工作。连米娜自己都认为自己的工作没啥难的，无非就是买买东西，传达传达文件和领导指示，处理一些办公室内务而已。可是就是这样一份她自认为没啥难的工作，米娜竟然没能胜任，试用期没到就被解雇了。

为什么呢？因为她解决问题的能力实在太差，不管什么工作，即使是最简单的工作，她都解决不好。大至文件的传达，会议时间地点的安排，小至办公用品的购置，甚至是连买垃圾桶这样的小事，她都惹得矛盾四起。

就以导致她离职的那件事说起吧。那天，单位刚搬进新的写字楼，主管安排她去买些新的垃圾桶。“要买几个？什么价位的？旧的垃圾桶如何处理？如何分配？”等问题弄得米娜头皮发麻，为了万无一失，她进进出出请示主管好多趟，最后确定了方案，在保留部分旧垃圾桶的基础上再添置几个。看起来似乎不存在什么问题，可是最后在垃圾桶的分配和使用上，竟然弄得天下大乱。广告公司业务员女孩子居多，大家都想用漂亮的新垃圾桶，可是米娜竟然没有一个合理有力的分配方案，她不知如何是好，旧垃圾桶给谁得罪谁，结果她成了众矢之的，为了旧垃圾桶的分配问题她再次来到了主管的办公室，结果这竟成了最后一次。主管面无表情地告诉她：你明天不用来上班了。为了买垃圾桶这样一件小事，我一上午接见了你五次！

米娜几乎是含着眼泪离开办公室的，她觉得很无辜，这明明不关我的事，怎么我成了牺牲品了呢？

其实米娜还没有意识到，是自己的能力不足，没有办法解决工作中遇到的问题。对于一个没有能力解决工作中的问题的员工，又有哪一个老板愿意雇用呢？

解决问题，是能力的终极体现，是所有能力中最重要的能力。因为工作说白了就是解决问题，一个问题接着一个问题，解决了问题，也就是完成了工作。所以，要赢得老板的信任，就要去解决问题。

面对问题时，我们不应当畏缩，不应当逃避，而应该坦然地去面对，将问题的相关方面研究清楚，将问题的根源找出来，开动脑筋，寻找更多的解决之道。看待问题时，我们不能将其放大，相反，除了要正视问题，更要“藐视”问题。问题的出现经常出乎人的意料，只有不被它吓倒，才有解决问题的可能。那些一开始就被问题吓倒的人，永远也找不到出路。解决问题的最好的方法是深入问题的根部，找出合理的方案，将问题一次性彻底解决。

马博是某食品公司的业务主管。有一次，他从一个用户那里考察回来后，敲响了经理办公室的门。

“情况怎样?”经理抬头就朝马博问道。

马博坐定后，并不急于回答经理的问话，而是显得有些心事重重的样子。因为他十分了解经理的脾气，如果直接将不利的情况汇报给他，经理肯定会不高兴，搞不好还会认为自己没尽力去办。

经理见马博的样子，已经猜出了肯定是对公司不利的情况，于是改用了另一种方式问道：“情况糟到什么程度，有没有挽救的可能?”

“有!”这回马博回答得倒是十分干脆。

“那谈谈你的看法吧!”

马博这才把他考察到的情况汇报给经理：“我这次去了解到，这个客户之所以不用我们厂的产品，主要是因为他们已经答应从另一个乡镇企业进货。”

“竟有这样的事！那你怎么看呢?”

“我想是这样的，我们公司的产品应该比乡镇企业的产品有优势，我们的产品不但质量好，价格还很公道，在该省已经具有了一定的知名度。”

“就是，一个小小的乡镇企业怎么能和我们相比呢?”经理打断了马博的汇报。

“所以说，我们肯定能变不利为有利。最重要的是，当地的客户多年来使用我们公司的产品，与我们有很好的合作基础，这是我们的优势所在。但该客户答应与那个乡镇企业订货，主要是因为那个乡镇企业距离他们较近，而且可以送货上门。这一点，我们不如那家乡镇企业，我们可以直接到每个乡镇去走访，在每个乡镇找一个代理商，这样问题就解决了。”

“小马，你想得真周到，不但找到了症结所在，还想出了解决的办法，要是公司里的员工都像你这样有责任心就好了。”

“经理过奖了，为公司分忧是我的责任。经理您工作忙，我就不打扰您了。”

不久，马博被调到销售科专门从事产品营销，公司的产品销量节节上升，马博也越来越受到重视，很快成了公司的业务骨干。

在工作中遇到问题时，我们应该认真分析问题的根源所在，找准病根，对症下药。不要被问题的表象所迷惑，这样才能又快又好地将问题解决掉。

什么决定你的职场浮沉和人生输赢？答案只有一个，就是做一个善于解决问题的人，做一个解决问题能力够强的人。

老板需要的，是会解决问题的员工；成功青睐的，也是勇于解决问题的人。

7. 一切凭业绩说话，业绩是能力最好的证明

假如你手头有一个杯子需要卖出，它的成本是一元钱，可以卖到多少钱？

如果仅仅是一个杯子，也许最多只能卖两元。

如果你卖的是一种最流行款式的杯子，也许它可以卖到三四元。

如果它是一个出名的品牌的杯子，说不定能卖到五六元。

如果这个杯子还有其他功能的话，可以卖到七八元。

如果这个杯子外面再加上一套高级包装，卖十几元也是可能的。

如果这个杯子正好是某个名人用过，与某个历史事件联系了起来，一二百元也有人要。

如果这个杯子有过一段更独特的经历，比如曾经随飞船上过太空等，卖一两千元都不算高。

同样一个杯子，因为内涵变了，功能变了，价值也在不断地改变。而在职场中，唯一能够改变你价值的，就是能力的展示，业绩的增长。

能力第一是职场的铁律，而业绩才是能力最好的证明。每家公司都是一个战场，是员工努力证实自己业绩的不见硝烟的战场，不管在什么时候什么公司，假如你不能做出相应的实际业绩，你终将被当作一枚废弃无用的棋子淘汰出局。而证实自己能力和分量的永恒秤砣，就是实实在在的工作业绩。

在NBA2004～2005赛季，曾诞生了神奇的“麦蒂时刻”。那是休斯顿火箭队对阵圣安东尼奥马刺队，比赛还剩最后的35.13秒，火箭队还落后马刺队10分。

火箭队的麦克格雷蒂先是运球到前场直接出手投中了一个3分球，接着麦蒂又投中了一个不可思议的3分球，并引诱马刺队的邓肯对他犯规，打4分成功。时间只剩16秒时，麦蒂接住难度极大的传球，再次三分命中，这时火箭队仅比马刺队落后2分。最后时刻，又是麦蒂在左侧三分线附近再次投出3分，并再次命中。

在35.13秒时间里，火箭队和麦蒂完成了看似不可能完成的任务，神奇般地战胜了马刺队，获得了一场伟大的胜利。

这就是能力，这就是能力的完美表现！

如果你也做出了麦蒂的业绩，相信绝对没有任何一个人会怀疑你也有成为一个巨星的能力，因为成绩摆在这儿，不承认不行。所以一个员工要想有所发展，受到器重，得到青睐，必须要努力创造业绩，为老板和企业谋利，用业绩表现你的忠诚、敬业、认真、负责，用业绩证明你的能力，你的勤奋，你的自动自发。没有业绩，便纵有千般好，万般优，归根结底还是等于零，所有企业的管理者和老板，只认一样东西，就是业绩。没有业绩，一切都免谈。

李洁不明白为什么无论在哪个公司、从事哪一份工作，每当年底考核时，自己都会成为被炒鱿鱼的那个倒霉蛋。陈俞倩、张燕和自己学历相当，而且都是同一批进入公司的，她们现在都有了不错的业绩，而且在新的一年里都有望得到进一步的提升。

回首这一年自己的成果确实有些恼人，整整一年，李洁都没接到什么大订单，也许这是整个行业都不景气的缘故吧。可是陈俞倩的客户资源却依然丰富，她似乎整天都忙着和客户谈判。张燕虽然不像陈俞倩那样有丰富的客户资源，但是她也没让自己闲着，她的业务能力一直令李洁羡慕不已，即使是最糟糕的去年也有好几笔大订单进账。

李洁找到了业务主管，希望主管再给她一次机会，她觉得主管并不是一个苛刻的人。主管正在办公室里看文件，李洁敲门之后进去了。刚刚坐下，主管就接听了一个电话，是公司总部打来的，李洁听到电话的另一端正在向主管下达解聘自己的命令，而主管则竭力向对方证明李洁是个不错的员工，对方沉默了一会儿，然后说道："我们也相信她不错，但是她可能并不适合在我们公司待下去，因为她一直没有像其他员工一样用业绩证明自己的优秀。我也没有办法，她必须离开，因为公司要发展，不能让任何人拖后腿。"还能说什么呢？李洁只有黯然离开公司了。

作为一名员工，无论你曾经付出了多少心血，做出了多大的努力，也不管你学历有多高，工作年限有多长，人品如何高尚，只要你拿不出业绩，那么老板就会觉得他付给你薪水是在浪费金钱，你的结局也就不言而喻了。

现在，很多岗位看重的是结果，业绩决定一切。因此，把能力转化为业绩最重要。一个员工要想在众多的同事里脱颖而出，必须用高于他人的业绩来证明你的能力，只有能力出众，你才可以引起领导的重视。能力需要行动力，即使你才华横溢，但缺乏工作热情，不积极地将你的能力转换成行动，你永远也不会得到领导的青睐。

聂灵是一所普通大学的学生，学的是计算机专业。大三那一年，在父亲朋友的帮助下进入一个大城市的一家科研机构实习。刚去的时候他干坐着，领导看他有点可怜，就扔给他一个东西，说："三个月内完成就行了，到时给你个实习鉴定。"

他用了三天时间完成了它。

当天上午，领导吓了一跳，对他刮目相看了，又给他几个任务，并且规定很少的时间，而他居然都提前完成了。

实习结束，领导没多说什么，但不久，到他的学校要人，点名要他。

这之前，机构的上级部门很奇怪："我这有好几个本科生以及研究生，你都不要，要一个普通的大专生，不是开玩笑吧？"

"不开玩笑，他有能力，能做成事。"那个领导说。

后来，有一次上级临时借调他去帮忙，结果是：这个部门以前的报表都是最后交，并且还让返工，但这一次，是第一个送上去的，成为少数几个一次通过的。上面点名要他，虽然下面不愿意放，但还硬是被上面调走了。

业绩是衡量人才的唯一标准。一位曾在外企工作多年的人力资源总监颇有感触地说："所有企业的管理者和老板，只认一样东西，就是业绩。老板给你高薪，凭什么呢？最根本的就要看你所做的事情，能在市场上产生多大的业绩。"现在就是一个以业绩论英雄的时代。

在海尔，考核员工只看业绩，以绩效论英雄，真正做到"能者上、平者让、庸者下"。每年年终，总有一部分中层干部因完不成市场任务而落马，又总有一批超额完成市场任务的新秀走上领导岗位，“能者上、平者让、庸者下”在海尔司空见惯，习以为常。2002年年度干部综合考核结果：升迁27名、轮岗9名、整改4名、警示2名、降职3名、免职1名，整改、警示、降职、免职的干部加起来占总数的11%，本年度干部调整的总数占干部总人数的51%。

海尔集团董事局主席张瑞敏曾就此发表意见说：“我认为对待元老还是要看他是否对企业作出贡献，如果你因为照顾他，导致企业没有饭吃了，那么这种照顾就是对所有员工的不照顾。不论是元老还是年轻人，你到底怎么样做才算真正的照顾呢？我认为不是表现在小恩小惠上，而是让他自己具有竞争力。”

用业绩说话，是员工对自己最好的表白。只有好的业绩才能够得到上司和企业的认可，只有好的业绩才能够证明自己的真才实学。如果你仅仅忠诚，总无业绩可言，尽忠一辈子也不会有什么起色，老板想重用你也会犹豫，因为他不放心。更进一步讲，受利润的驱使，再有耐心的老板，也很难容忍一个长期无业绩的员工。届时，即使你忠贞不二、永不变心，老板也会变心，甘愿舍弃有忠诚无业绩的你，留下忠心且业绩突出的员工。

但是，在职场也常常可以看到，很多员工都有一种得过且过的心理，认为自己不求卓越，但求平凡，不求有功，但求无过，有一份平平常常的工作，平平常常地做着，就很满足了，就够了。认为不用太出人头地，不用追求太好的业绩，这其实是非常不对的，这是一种非常消极的思想，如果一直这样想，终有一天，你会栽倒在你的这种想法里，甚至毁灭在你这样的行动中。

吴丽和陈英同时被一家汽车销售店聘为销售员，同为新人，两人的表现却大相径庭：吴丽每天都在仔细学习销售前辈的销售方法，揣摩销售技巧，没有顾客的时候就坐在一边翻看默记不同车款的配置；而陈英则认为守住工作就行，根本不用做出多大的业绩来，而且，公司还有那么多的男销售，怎么做也不可能超越他们啊，于是把心思放在了如何讨好老板上，每到老板进门时，她都会装模作样地拿起刷子为车做清洁。

一年过去了，吴丽每天都在进步，业绩不凡，不仅在新人中销售业绩遥遥领先，在整个公司的业务累计中也名列前茅，并在年底顺利地被提升为销售顾问。而陈英却因为连续几个月业绩不达标，惨遭淘汰。

业绩才是硬道理。所以，作为一名员工，要想得到领导的器重，业绩这个硬件是千万不能忽视的。在一个凭实力说话的年代，讲究能者上庸者下，没有哪个老板愿意拿钱去养一些无用的闲人。

不管你的能力如何，不管你的工作是否努力，你想在公司里成长、发展、实现自己的目标，都需要有业绩来保证你梦想的实现。只要你能创造业绩，不管在什么公司，你都能得到老板的器重，得到晋升的机会。

8. 要晋升，拿出你的业绩来

当今是以业绩论英雄的时代，是以业绩作为晋职加薪的时代。所以，要晋升得先拿出你的业绩来。

不管你在公司的职位如何、长相如何、学历如何，要想在公司里成长、发展、实现自己的目标，你都需要用业绩来实现梦想。只要能创造业绩，无论在什么公司你都能得到老板的器重，得到晋升的机会。因为，业绩是公司发展的决定性条件，能创造业绩的员工是公司最宝贵的财产。

在这个以业绩为主要竞争力的时代，没有能力改善公司业绩，或者不能出色地完成本职工作的员工，是没有资格要求企业给予回馈的，因为这种人恰好是公司打算“去掉”的人选。

1993 年，郭士纳就任 IBM 公司董事长和首席执行官。这是 IBM 第一次从本公司员工以外挑选领导人。而郭士纳出任之际正是IBM亏损惨重、即将分崩离析之时。郭士纳上任后，他的扭亏为盈的措施之一就是裁员。他在一份备忘录中说出了自己的肺腑之言："你们中有些人多年效忠于公司，到头来反被宣布为冗员，报刊上也登载了一些业绩评分的报道，当然会让你们伤心愤怒。我深切地感到自己是在要大量裁员的痛苦之时上任的，我知道这对大家都是痛苦的，但大家都知道这也是必要的。"

不解雇政策是IBM企业文化的主要支柱，公司创始人老托马斯·沃森认为，这样可以让每个员工觉得安全可靠。如今，郭士纳裁员却是动了"大手术"，辞退了至少35000名员工。

裁员行动结束后，郭士纳对留下来的雇员说："有些人总是抱怨，自己为公司工作多年，薪水太少了，职位升迁太慢。你们必须拿出点成绩让我看看，得给我创造出更大的效益。现在，你们是否能继续留任，就要看你们的表现了。"

通过一系列的治理整顿和改革，郭士纳在短短6年中重塑了IBM这个曾是传奇式偶像企业的美好形象，使之走上了效益增长的复兴之路。

职场中辞退员工是经常见到的事情，有些人已经是处变不惊了。但有一个道理我们必须清楚：公司作为一个经营实体，必须靠利润去维持发展，而要发展，便需要公司中的每个员工都贡献自己的力量和才智。公司是员工努力证明自己业绩的战场，证明自己的唯一法则就是用业绩说话。无论何时何地，如果你没有做出业绩，你迟早是一枚被弃用的棋子。

在职场中，只有花架子而无真本领的人，无法赢得他人的尊重与赏识。任何看起来华丽但无实际用处的外在因素，都不能决定一个人的内涵与价值，要证明自己的能力和价值，唯有业绩。

杰克是一家纺织公司的销售代表，他对自己有着丰富的销售经验引以为傲。有一次，他向老板炫耀，自己是如何卖力工作的，自己拥有如何好的口才，可是，老板听后只是点点头，淡淡地表示认可。

杰克鼓足勇气，说："虽然最近几次我都没有作出成绩，但是我拥有丰富的销售经验，难道这些你都没有看到吗？"

"杰克，你只看到自己拥有丰富的经验，但这并不是你可以炫耀的东西，我不看经验，只看业绩。业绩，你明白吗？没有业绩，有多少经验也是零！"老板直视着他，说道。

杰克这才明白，老板看的是谁能为公司赚钱，而不是看谁的经验多。于是，杰克开始分析各个生意对象，找出与他们谈判的重点。一个月后，他为公司赚取了巨额利润，用业绩证明了自己。

当然，晋职和加薪顺理成章。

业绩才是硬道理，是衡量员工工作好坏的标尺。一个员工是否优秀，关键要看他所创造的业绩。想要证明自己，就要靠业绩说话，业绩才是你最可靠和最有效的通行证，意识到这一点，你就会努力创造业绩来证明自己的实力。

也许你初入职场时会被安排在平凡的工作岗位上，也许此时的你仍在公司做着不被重视的工作，这些都不要紧，只要你明白，业绩证明一切，积聚能量，你一定可以抓住机会实现理想。

第五章　自觉一点，不必事事都要等交待后才做

自觉不自觉、主动不主动、积极不积极，是在幼儿园里就已经明白的区分一个人是否优秀的标准之一，现在以至未来，这个标准依然有效。像算盘珠子一样拨一下动一下，是永远也不可能受到青睐得到欣赏的。所以，自觉一点，不必什么事都要等交待后再做。有些事，不必交待，更不必等待，要主动去做，积极去做，马上去做才行！

1.主动自觉是每一个老板对员工的期望

每一位老板心中都对员工有一种最强烈的期望,那就是:不要只做我告诉你的事,而要积极主动地去做需要你做的事。运用你的判断和努力,为公司的利益、成功,去做需要做的事。对于这一点每个员工都应该懂得的道理,却很少有员工真正明白过。

主动的精神是员工最重要的职业精神和职业品格。优秀的员工无论从事哪种工作,他们都不需要任何人的管理和监控,就会自觉自愿、自动自发地完成任务。可以说,自动自发是职业精神中一个不可或缺的要素,这是优秀员工在实际工作中一个非常突出的特征,也是企业、老板对员工的终极期望。

终极期望是著名企业家奥·丹尼尔在他那篇著名的《企业对员工的终极期望》一文中提出来的。他在文中说道:

> 然而,有一项最重要的职责,或许你的上司永远都会对你秘而不宣,但你自己要始终牢牢地记在心里。那就是企业对你的终极期望——永远做非常需要做的事,而不必等待别人要求你去做。

这个被丹尼尔称为终极期望的理念其内在的涵义就是要求每一个员工都要自觉自愿,主动积极地去做需要做的任何事,而不是等着上司的吩咐。

自觉自愿、自动自发说的就是一种主动性,就是没有人要求、强迫你,自觉而且出色地做好自己的工作。任何企业,都需要那些主动寻求任务、主动完成任务、主动创造财富的员工。因为这样的员工往往能最大限度地发挥自己的潜能,想尽千方百计把工作做到最好。当然,他们的积极主动也会把握住更多的机会,展现出更出色的工作表现。

吴士宏从一个护士，先后当上IBM华南区的总经理，微软（中国）总经理，TCL集团常务董事、副总裁，靠的就是一种积极主动的精神。

外表温文、满脸笑容的吴士宏曾经是北京一家医院的普通护士。用吴士宏自己的话说，那时的她除了自卑地活着，一无所有。她自学成人高考英语专科，在她还差一年毕业时，她看到报纸上IBM公司在招聘，于是她通过外企服务公司准备应聘该公司，在此前外企服务公司向IBM推荐过好多人都没有被聘用，吴士宏虽然没有高学历，也没有外企工作的资历，但她有一个信念，那就是“绝不允许别人把我拦在门外”，结果她被聘用了。

据她回忆，1985年，她为了离开原来毫无生气甚至解决不了温饱的护士职业。凭着一台收音机，花了一年半时间学完了许国璋英语三年的课程。正好此时IBM公司招聘员工，于是吴士宏来到了五星级标准的长城饭店，鼓足勇气，走进了世界最大的信息产业公司、IBM公司的北京办事处。

IBM公司的面试十分严格，但吴士宏都顺利通过了。到了面试即将结束的时候，主考官问她会不会打字，她条件反射地说：“会！”

“那么你一分钟能打多少？”

“您的要求是多少？”

主考官说了一个标准，吴士宏马上承诺说可以。因为她环视四周，发觉考场里没有一台打字机。果然，主考官说下次录取时再加试打字。

实际上吴士宏从未摸过打字机。面试结束，吴士宏飞快地跑回去，向亲友借了170元买了一台打字机，没日没夜地敲打了一星期，双手疲乏得连吃饭都拿不住筷子，竟奇迹般地敲出了专业打字员的水平。以后好几个月她才还清了这笔对她来说不小的债务，而IBM公司一直没有考她的打字水平。

吴士宏就这样成了这家世界著名企业的一名最普通的员工。

靠着这种主动积极的精神，吴士宏顺利地迈入了IBM公司的大门。进入IBM公司的吴士宏不甘心只做一名普通的员工，因此，她每天比别人多花6个小时工作和学习。不管是不是自己分内的工作，她都主动积极地去做，"反正是学习经验，为什么不多做一些?"就是这样的心志，让她积极地做了许多本不属于她的工作。当然这种主动和勤奋得到了大家的一致认同。于是，在同一批受聘者中，吴士宏第一个做了业务代表。接着，同样的付出又使她第一批成为本土的经理，然后又成为第一批去美国本部作战略研究的人。最后，吴士宏又第一个成为IBM华南区的总经理。这就是主动积极给予她的回报。

1998年2月18日，吴士宏被任命为微软(中国)有限公司总经理，全权负责包括香港在内的微软中国区业务。据说为争取她加盟微软，国际"猎头公司"和微软公司做了长达半年之久的艰苦努力。吴士宏在微软仅用7个月的时间就完成了全年销售额的130%。

在中国信息产业界，吴士宏创下了几项第一:她是第一个成为跨国信息产业公司中国区总经理的内地人，她是唯一一个在如此高位上的女性;她是唯一一个只有初中文凭和成人高考英语大专文凭的总经理。在中国经理人中，吴士宏被尊为"打工皇后"。而成就吴士宏事业上辉煌的，正是这种积极主动自动自发的精神。

如果想登上成功之梯的最高阶，你得永远保持主动率先的精神，纵使面对缺乏挑战或毫无乐趣的工作，终能最后获得回报。当你养成这种自动自发的习惯时，你就有可能成为领导者。那些位高权重的人是因为他们以行动证明了自己勇于承担责任，值得信赖。

自动自发地做事，同时为自己的所作所为承担责任，那些成就大业之人和凡事得过且过的人之间的最根本的区别在于，成功者懂得为自己的行为负责。没有人能促使你成功，除了你自己；也没有人能阻挠你成功，除了你自己。

2.光能干不够，愿干比能干更重要

有一些员工很有能力，却恃才傲物，目空一切，能干，却不愿干。虽说能力很强，但这种不愿干的态度，让他连基本的工作也不能保质保量地完成，本职工作都会大打折扣，更别说其他的了。这样的员工，是不会得到老板重用的。

愿干的员工——不管他能力强与弱，凭着一股"一定把工作做好"的劲头，会高质量、高效率地完成工作。不同的意愿导致迥异的结果，也给每一位员工铺下一条不一样的人生出路。能干而不愿干，工作注定做不好；而只要你愿干，就算不能干也会变成能干，最终你会成为一个优秀的员工。

海尔集团CEO张瑞敏说："想干与不想干，是有没有责任感的问题，是德的问题；会干与不会干，是才的问题。"不会干没关系，只要想干，就可以通过学习、研究，达到会干；会干，但不想干，工作肯定是做不好的。只有那些能干而且肯干的人才能最终走向成功。盛大网络集团的陈天桥就是经历了能干到肯干再到能干的过程，而最终成功的。

盛大网络集团的董事长陈天桥曾经有过这样的经历：

1993年，陈天桥以优异的成绩从复旦大学提前毕业，并被分配到陆家嘴集团公司。与大部分刚走出高校的优秀毕业生一样，他满怀希望地想在新单位开创一番事业。但出乎意料的是，他的工作竟然是在一个小房间里放映有关集团情况的录像片，而且一放就放了十个月。

在这十个月里，陈天桥根本没有办法去与人谈论自己的远大理想，更无法在简单的放映工作中施展自己的才华和抱负。这个时候，他第一次体验到了理想与现实的落差之大。

后来，陈天桥这样回忆当时的心态："我从复旦大学毕业，是跳级生，又是全市优秀学生干部，刚毕业就让我干这个。"在这种情况下，有的年少气盛者也许会马上走人，再找一份不这样"委屈"自己的工作。

然而，陈天桥的过人之处在于，他很快就意识到寂寞也是磨炼意志的最好机会。于是，出乎大家意料，在这段时间里，他不但安心完成了所有手头的工作，还潜心研读了大量的管理书籍。这种寂寞的锤炼让他克服了一般年轻人好高骛远、不脚踏实地的缺陷。

他从一个能干而且抱负远大的人转变成了一个肯干而且愿干、要干就干好的信念的人，主动去学习、去研究，去找出自己的不足，积极去争取机会。

又过了十个月，机会终于来了，当时集团下属的一家企业有个干部挂职锻炼的机会，集团选定陈天桥担任那家企业的副总经理。

光有能干是不够的，愿干比能干更重要。有智慧的员工就是那种在"能干"的基础上，使自己成为"愿干"的德才兼备的人。关于德与才的问题，著名企业家杰克·韦尔奇有个"框架理论"。他以职业道德为横坐标，以工作能力为纵坐标，把员工分成四种，即人才(有才有德)、庸才(有德无才)、歪才(有才无德)和冗才(无才无德)。

一次，英特尔公司总裁葛鲁夫与韦尔奇在一起讨论对待这四类不同员工的对策时，韦尔奇唯独对没品德有能力的人特别提出了警告。韦尔奇强烈主张："有能力胜任工作，却消极怠工而不称职，这样的人，我发现一个就开除一个，绝不留情。"

其实，没有一个老板喜欢那种有能力却不愿好好干的员工。职场中的确存在一些"会干但不想干"的人，对他们而言，每天的工作也许是一种苦役、一种负担、一种逃避。他们在工作中不愿意多付出一点，更没有把工作看成是成功的机会，他的能力也被他自己浪费了。这种人，老板如何会重用他呢？

董明珠，珠海格力电器有限公司副董事长兼总裁，中国空调界一个举足轻重、掷地有声的名字。在国内的名气同"打工皇后"吴士宏不相上下。她凭什么成功？也许我们可以从她的一件小小的事情——"主动讨债"中找到答案。

初到格力电器，董明珠只是一名最底层的销售人员，被派到安徽芜湖做市场。她的前任留下了一个烂摊子：货给了经销商，几十万元钱却没有收回来。公司并没有把收款的任务交给董明珠，所以她完全可以不管不问，专注地开拓自己的业务，可董明珠不那么认为。她想：自己是公司的一分子，别人欠公司的钱，自己有责任把它要回来。就这样，她跟那家不讲信誉的经销商软磨硬泡，经过几个月的努力，钱虽没要到手，但货要回来了。

这次"多管闲事"的要债行为让公司看到了董明珠的强硬和她的商业才能。很快，她就从数百名业务员中脱颖而出，直至成为销售经理、总裁。2003 年，曾有企业欲以 5000 万元年薪挖她走。

这件小事让我们明白，成功绝不是偶然，董明珠的这种主动工作精神无疑是她成功的一个重要因素。

常言道：态度决定一切，有良好的工作态度才会有良好的结果。不管从事着多么平凡的岗位，都要有愿干、肯干、实干、苦干的态度，再平凡的工作也会因此而变得卓越，这比能干和精干更重要，更能得到企业的倚重、同事的敬重和老板的看重。

3.自动自发，不必什么事都要交待了才做

自动自发说的是一种主动积极的态度，是从自己心里面长出来的主动去做的愿望，而不是总是别人交待了才去做的被动。所以自动自发的人，不管做什么事都能超过期望，比交待给他的完成得更好。总是要等到别人交待了再去做的人，注定难以有所成就。因为老板看不见他的主动，也就不可能给予他重任。

一个和尚在寺庙里待了几年了，可还是做扫地、端茶的工作，有一天他越想越气，去找方丈说理。

“我在这儿辛辛苦苦干了几年了，为什么还是让我扫地、端茶？太没道理了！”

方丈捋了捋胡子，慢条斯理地说：“你没发现，你扫地从来不知道把垃圾处理掉，端茶时也不知道把桌子上的灰尘抹掉吗？”

“没有人说过要我做这些呀？”这位和尚还振振有词。

“阿弥陀佛！”老和尚轻轻地摇了摇头，闭上眼不再和他说什么了。

这个和尚到这时候还没有明白，这些工作根本就不需要人交待，自己就应当主动去做而且尽力去做好的，由此可见，他缺少主动积极的精神。这也就注定了他一辈子都只能扫地、端茶。甚至说不定哪一天连扫地、端茶的机会也失去哩。

主动是一种态度，一种把事情做好的态度。

主动工作的人实际完成的工作，往往比他原来承诺的要多，质量要高。对于主动工作的人来说，有些事是不必老板交待的，老板没有交待而实际上很重要的工作，他也会想到，处处为老板着想，处处把事情做到最

好，他们当然能得到老板更多的重视，也自然而然会得到更多的加薪和升迁的机会。

有一位老板要去欧洲，他对办公室的五位员工说："给我编一本前往欧洲用的密码电报小册子。"

老板走后，员工们炸了锅，一个说："也不说从哪儿能找到密码电报？"

又一个问："哪些图书馆会有这样的密码电报资料？"

还有一个说"这是我的工作吗？为什么不让查理去做？"

"这么急，怎么能完得成？老板故意为难我们吧？"

……

只有一个刚来不久的小伙子没有加入他们的讨论，而是立即着手去查找资料，并设身处地为老板着想，知道把小册子做得便于携带、容易查询的必要性，他用电脑清晰地打印出来，编成一本小小的书，还把它装订好，甚至做了一个有简单索引的封面，再用一个小袋子装好，交给了老板。

这时候，另几位员工编好的也交上来了，最多的有三页纸，有一位的还根本不是密码电报。这样一比较，老板马上知道了，谁在认真做事，而谁是在敷衍了事。

不管哪一位老板，都必定会对交来几张皱巴巴的密码电报纸不放心，必得经过仔细的核对和确认后，才敢在飞往欧洲前把它放入自己的公文包，而对这位认真负责的小伙子的工作必然大加赞赏，给予他更多的机会和青睐。

只有率先主动，才会让老板惊喜地发现你实际做的，比他所期望的更多，你才有机会获得加薪和升迁。"成功只垂青于有准备的人"，这"准备"二字并非说说而已，要想在职场中有所施展，必须积极地磨练自己，让自己不断地进步和成长，只有这样才能抓住和创造每一次机会。收到名至实归的效果，在职场中打开发展自己的一扇窗。

大学毕业后张吉和杜明同时被招聘到某物流公司。张吉按部就班，认认真真地完成经理交办的每项工作，没出什么差错，他自己也比较满意。但杜明并没有自我满足，在工作中他不断地学习运输行业的有关知识，很快提高了自己解决问题的能力。在对客户的分析中，他发现华北地区的货物运输常有滞期现象，经分析得知多是由于修路原因造成。于是，他通过电脑交通网络，对北京周边地区各交通干线的路况进行了一系列的调查摸底，并于每天列出一份动态的路况交通图送给经理参阅。就是这份动态的路况图，对公司的货物运输起了重要的疏导作用，不但缩短了有效运输时间，而且减少了因堵车、绕行而产生的运输费用，受到公司领导的重视和奖励。当然，3 个月后，公司继续聘用的是不断进步、能力不断提升的杜明。

成功的机会总是属于那些主动晋升的人，因为当你能提供更多更有价值的服务时，成功也会伴随而来，任何一个老板都在寻找这样能够不断"升值"的员工，必以他们的表现来犒赏他们。

李勇出身工薪阶层家庭，因为兄弟姐妹比较多，他高中毕业后不得不放弃上大学的机会，到一家百货公司打工。但是，他不甘心就这样工作下去，每天都在工作中不断学习，想办法充实自己，努力改变自己的工作境况。

经过几个星期的仔细观察，他注意到主管每次都要认真检查那些进口商品的账单，而且账单用的都是法文和德文。他便开始在每天上班的过程中仔细研究那些账单，并努力钻研学习与这些商务有关的法文和德文。

有一天，他看到主管十分疲惫和厌倦，就主动要求帮助主管检查。由于他干得很出色，以后的账单自然就由他接手了。

过了两个月，他被叫到一间办公室里接受一个部门经理的面试。部门经理的年纪比较大，他说："我在这个行业干了 40

年，根据我的观察，你是唯一一个每天都在要求自己不断进步、不断在工作中改变自己，以适应工作要求的人。从这个公司成立开始，我一直从事外贸这项工作，也一直想物色一个助手。这项工作所涉及的面太广，工作比较繁杂，需要的知识很庞杂，对工作的适应能力要求也特别高。现在，我们选择了你，认为你是一个十分合适的人选，我们相信公司的选择没有错。”

尽管李勇对这项业务一窍不通，但是，凭着对工作不断钻研、学习的精神，他的能力不断地提升。半年后，他已经完全能胜任这项工作了。一年后，他接替了那位经理的工作，成了这个部门的经理。

任何一个老板都希望自己的员工能够自动自发地工作，**一个在工作中保持自动自发精神的员工，就会有爆发力，也会是公司的支柱。他们永远不会被公司抛弃，不会被社会淘汰。**

安德鲁·卡耐基说：“有两种人绝对不会成功：一种是除非别人要他做，否则，绝不会主动负责做事的人。另外一种则是别人即使让他做，他也做不好的人。那些不需要别人催促，就会主动负责做事的人，如果不半途而废，他们将会成功。”

每位雇员在工作中都要相信这一点，你可以使自己的生活好转起来，就从今天开始，就从现在的工作开始，积极主动地去寻找需要你做的工作，并努力去做，尽全力去做好，而不要等待老板命令之后再去做。

4. 主动找事做，而不要总是在等事做

当今的商业社会与以往大不相同，雇主与雇员、企业与职工的关系也发生了变化。老板不是只需要会干活的机器，员工也不是只需要能挣钱就行的岗位。激烈的竞争、紧张的节奏、众多的变数，都要求员工不能坐

以待毙,要主动给自己找事做。

永远主动找事做,而非等事做。这是衡量一个员工是否优秀的重要尺度和标准,也是一个想要成事的员工必备的素质,更是老板欣赏的职业品质。

霍金斯是一位著名的演说家,因此,让顾客及时见到他本人和他的演讲材料都非常重要。为此,公司专门安排了一个人负责把演讲的材料及时送达到顾客手中。

一次霍金斯要担任演讲的主讲人,他给办公室里那个负责材料的秘书打电话,问演讲的材料是否已经送到客户那里。秘书回答说:"没问题,我已经在好几天前就把东西送出去了。""他们收到了吗?"霍金斯又追问道。"应该收到了,我是让联邦快递送的,他们保证两天后到达。"

然而,事实却并非如此,客户虽然拿到了材料,但是由于客户每天收到的材料太多,没有意识到这份材料的重要性,随便放在了一边,等用的时候却找不到了。

那次演讲的效果可想而知,其实,如果当时秘书再负责一些,只要随后再跟踪一下此事,与客户落实一下他们是否收到材料,就不会发生这样的事了。后来,公司为霍金斯先生安排了一个新秘书。巧的是,霍金斯先生又要到上次的客户那里演讲。

当他问现在的秘书:"我的材料寄到了吗?"

"到了,客户 3 天前就拿到了,"秘书说,"只是我给她打电话时,她告诉我听众有可能会比原来预计的多 300 人。不过您别着急,我把多出来的也准备好了。事实上,我以前跟客户联系时,她对具体会多出多少人参加也没有清楚的预计,因为允许有些人临时入场。所以我怕 300 份不够,保险起见寄了 500 份。还有,她问我您是否需要在演讲开始前让听众手上拿到资料。我告诉她您通常都是这样的,但这次是一个新的演讲,所以我也不能确定。这样，她决定在演讲前提前发资料，除非我在演讲之前明确告诉她不要这样做。我有她的电话，如果您还有别的要求，今天晚上我可以通知她。”

秘书的一番话，让霍金斯彻底放心了。

这样积极主动、尽职尽责完成工作的员工，相信任何一位老板都会喜欢，都会重用。

总是在等事做的人，注定不会有什么成就，就算他才华出众，也会被浪费在他的这种等待中了，不会有助于他的成功。

一位新招聘来的大学生工作不到一年就离职了，他的离职理由是：原单位没有人给他安排具体工作，使他整天无所事事。一年下来，什么东西也没有学到，什么经验也没有积累；既没有成长，也没有发展。所以想换一个环境，换一个单位工作。这话听起来振振有词，其实这不是理由，其根本原因是他自己没有把握好机会，没有主动找事做，没有主动工作，因此一事无成，最后只好抱憾走人了。

我们在为他惋惜之余，最遗憾他不明白一个人的成长和成功关键在于自己，要主动找事做，主动工作这样的道理。

主动找事做，不是消极地等待领导布置工作。领导有时是向一个小组或一个团队布置任务。尤其是在采用柔性化、宽幅型的管理模式的公司，他们倡导人本管理和弹性管理，注重人的积极性、主动性和创造性的发挥，并营造一种可充分展示自我、发挥个人聪明才智的成才环境。所以在这种管理理念下新来的大学生要主动请求任务，主动工作。

别以为没事可干，如果你主动找事干，就有干不完的事。比如，主动搞好自己的或办公室的清洁卫生，保持办公室的整齐清爽；主动了解市场信息，查询客户资料；主动与客户联系，主动上工地，了解工程工艺技术和项目管理；主动到车间，熟悉加工流程和现场管理知识；主动与一线工人接触，向他们学习工作经验和生产技术；主动与管理、营销的同事们接触，向他们请教管理知识和销售技巧。总之,只要主动工作、主动学习,要做的事情一定很多,就不可能使自己闲下来,不可能使自己碌碌无为的。

一个积极主动的员工总是能够把握住细节,并在细节中发现、获取灵感,在细节中制胜,取得非凡的成绩。

日本的普拉斯公司,是一家专营文教用品的小企业,一直生意清淡。

1984年,公司里一位叫玉村浩美的新职员发现,顾客来店里购买文具,总是一次要买三四种。而在中小学生的书包内,也总是散乱地放着钢笔、铅笔、小刀、橡皮等学习用品。于是她想到,既然如此,为什么不把各种文具组合起来一起出售呢?她把这项创意告诉了公司老板。

于是,普拉斯公司精心设计了一只盒子,把五六种常用的文具摆进去。

结果这种"组合式文具"大受欢迎,不但中小学生喜欢,连机关和企业的办公室人员以及工程技术人员也纷纷前来购买。

尽管这套组合文具价格的比原先单件文具的价格总和要高出一倍以上,但依然十分畅销,一年就卖出了300多万盒,获得了意想不到的利润。

这就是主动做事的结果。机遇只给有准备的人,机遇来了就要用力抓住,不要等到机会来了才大呼"如果……"如果每个人都可以假想成立的话,那还有谁不成功呢?

主动就有机会,等待没有成果。所以,一个老板欣赏的员工,担当重任的员工,一定是那些主动找事做,一刻也停不下来的员工。那些总是在等事做的员工,则注定原地踏步,难以升迁。

5. 见工作就干，不管分内还是分外

我们是不是经常听到类似这样的声音：

“老板，我的专职工作是搞设计的，您让我去干别的事，那可是分外的事啊！要么给我奖金，要么我不干！”

“加班，加班，怎么老有干不完的活？真是烦死了！”

“这不是我的事，我才不管呢！”

“千万别多揽事，多一事不如少一事，干得多，错得多，何苦呢？”

现实生活中，讲究个人价值的体现、不愿白白贡献的人不在少数。尤其是在一些企业里，很多人抱着打工心态，干一份活，拿一份工资，不愿做额外的事情，怕吃亏，怕被“剥削”。

他们认为只要把自己的本职工作做好，把分内的事做好，就万事大吉了，多做一点公司也不会给我加薪水。这样的认识只能让我们永远停留在“为工作而工作”的状态之中。这些人看不到工作带给自己的价值，同样认识不到自己的工作对于整个公司的价值。

在柯金斯担任福特汽车公司总经理时，他习惯到基层转转，进行他的“走动式管理”。有一次，他到车间走动的时候，他碰上了一个名叫特德的设备操作员，很明显特德正无事可做。他便问特德发生了什么事。特德解释说，他正在等一个技术员来校准设备。这个时候，特德也不失时机地向柯金斯抱怨自己已经等该技术员很长时间了，电话打了好几次，还不见人来。

柯金斯问：“特德，请你告诉我，这台设备你用了多长时间了？”

特德回答说：“哦，先生，我想大概有20年了。”

柯金斯继续说：“特德，你是不是告诉我，用了20年你还不知道如何校准这台设备？这很难让人相信。因为我知道你可能

是我们最好的机械师。”

“哦，先生，”特德自豪地回答，“我闭上眼睛都能校准这个设备。但你知道，校准设备不是我的工作。我的工作描述上说了，期望我使用这台设备，并将校准方面的问题报告给技术员，但不必修理设备。我不想让任何人烦恼。”

柯金斯忍住自己的沮丧，邀请这位设备操作员到办公室，并请他拿出一份工作描述。“我要告诉你，”柯金斯说，“我们将为你写一份更有意义的全新工作描述。”柯金斯再没有说其他的话，就将那份工作描述撕掉了，并很快在一张新表上写了点东西递给了特德。

新的工作描述就一句话：“工作没有分内分外之分。”

特德看了总经理给他的新的工作描述，一下子就明白了一个道理：工作没有分内分外之分。分内事要做好，分外事只要有能力也一样要做好。

在职场里永远没有分外的工作。如果能把不是你分内的工作也同时做好，肯定能获得老板格外的信任和依赖。

“这不是我的工作”是很多人的口头禅，其实质是主人翁精神的缺失，他们对不是自己职责以内的事熟视无睹。一句“这不是我的工作”可能让你躲过一次麻烦，但也让你失去一次提升自己的机会，在责任与推脱的较量中败下阵来。

许多人都斤斤计较，不愿做分外事，于是他们得不到“分外”的锻炼，“分外”的机会，以及“分外”的回报。因此，他们一辈子也只能做他那一份小得可怜的“分内事”，以及那一份被自己一直抱怨“少得可怜”的分内报酬。

做好分内事，是一个人立足的基础，但仅仅只能立足而已；做好分外事，才能向外发展、更广泛地触及各种知识和资源，从而为自己的成长打下基础。

要记住：成功的人永远比一般人做得更多更彻底。如果你只是从事分内的工作，那么你将无法争取到人们对你有利的评价。其实在一个公司里，你做好本职工作是你拿工资的条件。

你在本职工作上做得再好，最多证明你是一个称职的员工。如果你想证明自己还能做得更好，你想获得老板的器重，你就必须明白：在公司里，永远没有分外的事。因为当你从事超过你报酬价值的工作时，你的行动将会促使与你的工作有关的所有人对你做出良好的评价。

总之，做一些分外的工作，使你所做的事比你所获得的报酬多，那么你不仅表现了乐于接受工作磨练的品质，也因此发展了一种不寻常的技巧与活力，它会使你能尽快地从工作中成长起来，获得担当重任的机会。

6. 见困难就上，不管老板在还是不在

自动自发和积极主动是一种发自内心的行动，是自觉自愿的行动，而不是被逼迫被驱策的行为。所以，真正有主动精神的员工，绝不会是为了做秀，为了拿出一个样子给老板或是给同事看，他们不论在任何时候都是一样地努力和勤奋，一样地负责和认真，绝对不会管老板在还是不在，更不会做“老板在时就努力、老板不在就偷玩”这种两面三刀的事情。因为他们明白，勤奋努力，其实与老板并没有多大的关系，关系的是自己的前途，是自己的未来，是自己的家庭，是自己人生价值的实现，那么，老板在与不在又有多大的关系呢？

但是，在企业里，总有这样一些人，一味地回避风险、好逸恶劳、见荣誉就上，见困难就让，老板在就积极主动，老板不在，就自由自在，对自己有好处的事是削尖了脑袋往里挤；不利于自己的事就算能让企业起死回生也绝不去趟浑水，这样的员工只能成为老板最讨厌并最终唾弃的员工。只有那些敢于承担、主动面对困难、积极解决困难，敢于主动为老板排忧

解难的员工，才是老板最欣赏的。

吴锁君是远东集团的一名“营销状元”。远东集团有很多营销经理，他是其中一位。

他虽然只有小学文化，却在大上海这个市场创造了奇迹，2004年他个人完成的营销额达到1亿多元。而他取得成功的原因，除了他的勤奋努力外，最重要的还在于他不怕困难、敢于迎难而上的精神和自觉自愿、积极主动去改变一切的态度。

上海宝钢是个信誉很好的国有大企业，而且电缆需求量很大，吴锁君决定重点跑宝钢，对有效客户进行锁定。

在宝钢他一没熟人二没关系，但他敢闯，主动积极地去宝钢找机会。他独自闯到了宝钢的采购部，介绍远东电缆。这期间他了解到，要想参加宝钢的招标，就要让产品首先进入宝钢的网络。吴锁君通过和宝钢的采购部人员沟通，将远东电缆输进了宝钢的网络。他在宝钢的第一次招标没有中标，但他没有失去信心，继续与宝钢保持业务上的沟通。

有一次，宝钢一台高炉抢修，急需100米特殊的电缆，其价值只是几百元，宝钢的人找到吴锁君，请他帮助解决，吴锁君毫不含糊地答应下来。

吴锁君马上自己租了一辆小汽车，回到公司把电缆装上，只几个小时就把电缆送到了抢修现场。接着，他又住在了抢修现场。他告诉宝钢的抢修负责人，如果还需要电缆，他马上就用最短的时间给他们送来。饿了，他就买一盒盒饭吃，宝钢的同志感动了，后来他们竟然与吴锁君成了朋友，一有需用电缆的信息马上就告诉他，这一年吴锁君竟完成了1000万元的销售额。

后来，吴锁君在宝钢的招标中连连中标，又在石化行业、浦东供电局等招标中一一中标……

吴锁君独自在上海做营销，没有老板看着，也没有老板跟着，但他以高度的自觉精神和主动意识，面对没有任何营销基础的市场，不怕困难，迎着困难上，终于获得了自己事业的辉煌。如果吴锁君害怕困难，不敢主动去闯去干，那也不会有他今天的成绩了。所以，一个主动积极的员工，不会害怕困难，更不会需要老板的不停督促，而是自觉自愿地去迎战困难，去创造辉煌，最终，收获属于自己的成功。

作为一个公司员工，老板不在的时候，也是容易放松自己的时候。可是，勤奋工作应该是发自内心的，你的任何业绩都是自己努力的结果，你不能仅仅是做出样子来给老板看，老板要的是实际业绩和工作效果。

在老板眼里，没有任何一件事情能够比一个员工处理和解决问题更能表现出他的责任感、主动性和独当一面的能力。一个经常为老板解决问题的人，老板肯定会很器重他。因为，他没有让问题延误，酿成大患；最重要的是，他能让老板省心省力，老板可以从容地把精力集中到更大的问题上。有了这样的员工，老板就少了很多后顾之忧。

属于你的工作，不必老板交待，优秀的员工会积极主动地去完成自己职责内的工作，而不会在意老板是不是在，是不是被老板发现了。其实只要你是认真主动工作的员工，总会被人发现的，你的才能不会被埋没，你的功劳也不会被掩盖。

7. 见苦差别推，主动去做别人不愿做的事

在我们的周围，有些工作是每个人都不想做的“讨厌的工作”，大家对这样的“苦差事”，都持唯恐避之不及的态度。在这种情况下，如果你主动去做这些没有人愿意做的工作会如何呢？这不但能赢得同事的尊敬，更能够得到老板的认同和赏识。

这是你展露才能、勇气和责任心的大好机会。恰恰是有些难啃的骨头让你的能力得到最大的展现，也让自己的人生更加成功。碰到这样自

我表现的机会时,绝不要有一丝一毫的勉强,要心存感激才对。当然,这样做需要有相应的心理准备。因为这一类的工作,大都是非常辛苦而且吃力不讨好的,有时即使你付出了全部的心力,也不一定能达到效果。即便如此,你还是应该勇气百倍地默默耕耘。

魏明阳,江汉石油管理局物探公司经理助理兼研究中心主任,一位硬汉子式的全国劳模。在魏明阳眼中,勇于担当,是对一个男人最起码的要求。

由于开采探测的工作需要,他每天就是扛着重重的雷管火药进行"放炮",很多人戏称他是"炮兵司令"。这是一个又苦又累又危险还一点也不讨好的工作。有时候你放了再多的"炮",仍然什么也没有得到。很少有人愿意去干这样的"苦差",但魏明阳没有推也没有避,而是主动要求去当这个"炮兵司令"。而事实上,近 7 年来,这位"炮兵司令"带着他的两支队伍,先后完成了二维勘探任务 1400 平方公里,三维勘探任务 660 平方公里。据统计,他的放炮总数近 5 万炮,他的工作旅程足足可以绕地球一圈。

面对困难和危险的任务,毫不避忌地将它完成到最好。这是魏明阳定义的责任。在魏明阳心中,每一次工作都是一场战役。只有打好它们,打得漂亮,才算完成了任务。从黄土塬到六盘山,魏明阳带队完成了一个又一个艰巨的任务。他也成为全国劳模,成为企业最需要的顶梁柱。

事实上,别人都不愿干的工作往往比那些表面看起来华丽动人的工作更能激发人的斗志及潜藏的乐趣。能够从这样的工作中找到乐趣的人,大多是能够得到老板赏识的人。其实这样的"差事"也是机会,有时候"吃亏"其实就意味着"是福"。如果你唯恐自己吃亏而跟着大家一起推卸,那就等于是自己把机会往外推。

刘山在公司就像一个小厮一样,谁都可以支使他做这个做那个。别的同事都为能少做就少做而推来推去，但刘山从来不推，不管怎么难、怎么苦的工作，他从来不推，都积极主动地去做。但他自己并不觉得自己是个被人支使的“小跑堂”。虽然杂事很多，但是得到锻炼的机会也多，比如叫他去接触传媒，联系公司的广告业务，参与广告文案的写作，选择适合的传播渠道等，这都给了他一个充电和学习的机会。

但是随着他这个“跑堂”资历的升高，他更忙了，但机会也跟着来了。老总开始有意识地把更重要的事情交给他去办。比如公司的一些重要客户，一些谈判的场合，老总都会带上他一起去。终于有一天公司要准备“上市”了，需要把公司彻底包装成一家公众公司，拟一份招股说明书，这个任务也落在刘山的头上，而刘山不负众望，漂亮地完成了自己的工作任务，理所当然地成为那家上市公司董事会的秘书。

有许多“苦差”确实是“苦”，但苦中有乐，苦中有甜，苦中有机会，有成功。如果你去认真努力地做好了“苦差”，必然会让你从中获得他人所不能获得的丰厚回报。

主动积极的精神是我们通向成功的推进力，主动积极的精神促使我们甩掉等老板的指令的想法，摒弃消极被动的行为，不做只知道机械完成工作的“应声虫”员工，更不做挑三拣四见风使舵的“陀螺员工”。忠诚敬业的员工以自动自发为本分，任何时候都不用老板催促，任何事情都做到前面，主动去做别人不愿意做的“苦差事”，从来不怕“吃亏”，这样的员工，自然能得到企业的重视，得到老板的青睐，从而得到提升，让自己走向成功。

8. 自觉自愿，甚至比老板更积极主动

优秀的员工永远保持主动，不等老板交待，便去主动做自己应该做的事，有时甚至比老板更积极主动。

当老板被公司事务缠得焦头烂额的时候，作为他的下属，主动积极的员工就会想“我能为老板做些什么”，为其分忧解难。特别是老板在工作中触礁，迫切需要帮助的时候，优秀的员工像江湖豪杰那样主动站出来，挺身而出，施以援手，帮老板出谋划策，共同渡过难关，而不像平庸者那样袖手旁观。当产品出现积压，打不开销路时，利用自己的社会关系，联系销售渠道；当老板需要某一方面的人才时，帮助物色、推荐；利用自己的专业特长，为老板决策打开思路，提供方法；主动承担一部分工作，让老板处理特殊事件等。老板当然会为你所做的这一切而心存感激。

某公司业务部副经理小高发现自己的老板这几天满面愁容，无精打采，本来很开朗的一个人，现在变得意志消沉了。原来很快就能处理完的公事，现在到下班时还要剩下很多，一连几天，都是如此，公司工作目标也没能按时完成，客户对公司的表现已露出明显的不满。

小高看到这些，真是忧心如焚。对老板的表现，小高感到不可理解。他既不想看到公司遭受损失，也不愿看到本来很有才能的老板就这样失败。于是，他从侧面了解了一下情况。原来，老板的妻子得了重病，住进了医院，他白天上班，晚上去陪伴妻子。由于休息不好，再加上时刻担心着病人，因而连日来已经是筋疲力尽，心力交瘁，白天上班自然没有精神，工作效率也明显降低了。

了解到这些情况，小高对老板的遭遇深表同情，他找机会与老板谈话，请求暂且将老板的一部分工作交给他去做，好使老板

能够腾出更多时间照顾病人。接手工作后,小高一丝不苟,力求将每一项工作都做得圆满,遇到不明白或不熟悉的问题,他主动向老板或同事们请教。在他的努力下,公司的工作有了明显的起色,客户满意了,老板也露出了满意的微笑,小高本人也在工作中得到了更多的锻炼。

后来,老板的妻子病愈出院,老板又开始安心工作了。每每谈起这一段经历,老板总是很感激地对小高说:"那时多亏有你鼎力相助,不然的话,公司遭受损失将不可估量。"

通过这件事,小高得到了公司上下的尊敬和赞誉,更是成了老板的好"搭档",生活中的"密友"。是啊,像这样能在关键时刻主动替老板分忧,为老板解难的员工有哪个老板会不喜欢呢?

有一天晚上,夜很深了,李嘉诚看见大楼里还有一个办公室的灯亮着,心里很生气,我一定不能允许这样的浪费事情发生!他走上楼去,却看见行政秘书姜小姐正在打印机边忙碌着。李嘉诚很好奇地问她这么晚还在忙什么?姜小姐很不好意思地说:"因为明天下午陈主管要和一家大企业谈判,今天晚上把资料准备齐。""那为什么不能明天上班了再干呢?"李嘉诚还是有些不明白。"因为陈主管习惯清早就看资料,我怕耽误了他的时间,而且早些打印出来我看一遍后发现错误可以及时修正。对不起,没想到惊动了您了。"姜小姐抱歉地说。李嘉诚没再说什么,嘱咐她工作完后关灯,就走了。

一个星期后,姜小姐被调到总裁办公室,成为李嘉诚的贴身秘书。

"比主管考虑得更周到,这样的秘书正是我最需要的。"李嘉诚说。

比老板考虑得更周到,更积极主动地做事,当然会得到老板更多的青睐,获得更多的发展机会,受到更大的重用。

那么，作为一个普通的员工，如何做得比老板更积极主动呢？

一要抢在老板前面思考问题。不要再只是被动地等待老板告诉你应该做什么，而是应该主动去了解自己要做什么，并且规划它们，然后全力以赴地去完成。对于工作中需要改进的问题，抢先在老板提出问题之前，就把改革方案做好。这样的行动是最得老板之心的，因为只有这样的员工才真正能减轻老板的精神负担。工作交到老板手上后，他就不用再为此占用大脑空间，可以腾出时间思考别的事情。这样真心帮老板的员工，当然是老板最欣赏的。即使不能每一次都比老板反应得快，也要努力去做。当老板知道你为他如此尽心尽力时，就会很自然地对你信任起来。

二要比老板做得更多。专注于本职工作，无论做何事，都万分投入，并且切实地对自己的所作所为负起责任，持续不断地寻找解决问题的办法，始终坚持不懈地去做，立足于现实，调整好自己的心态，将现有的工作做好。同时积极主动地寻找需要自己做的事去做，不要在乎是分内还是分外，只要是需要做的事，就要努力勤奋地去做，而且把它做好，做得超过老板的期望和标准，你的表现便能达到崭新的境界，为此你必须全力以赴。

三要比老板工作的时间更长。老板一天工作十几个小时并不少见，所以你不要吝惜自己的私人时间，一到下班时间就率先冲出去的员工是不会得到老板的喜欢的。除了自己分内的工作之外，尽量找机会为公司做出更大的贡献，让公司觉得你物超所值。要想成为老板的得力助手，你必须付出比他人更多的努力。即使你的付出得不到什么回报，也不要斤斤计较。为老板加班加点，尽量找机会为公司做出更大的贡献，让老板觉得你是一个踏实的人，终有一天，你的积极主动会得到回报。

永远比老板更积极主动，果真如此，便没有什么目标是不能达到的了。

第六章　勤奋一点，有付出才有回报

勤奋是每一个老板都欣赏的品质，因为一勤天下无难事，勤能补拙，勤能弥弱，勤能助智，勤能精业……勤奋的人做什么事都能成功，做什么事都能做到最好。勤奋的人不怕付出，而是甘心付出乐意付出，只要能把工作做好，付出多少汗水也都愿意。勤奋的品质最能得到老板的赞赏和肯定，有付出就有回报，老板不会忘记你的汗水。

1. 勤奋是所有老板都欣赏的品质

世界上的人千千万万，每一个人的天资、环境、条件和能力都大不相同。有的人确实天生是命运的宠儿，天生就比别人更多一些成功的元素，但这却并不是最重要的，最重要的还是在于个人的勤奋努力和工作态度。俗话说，勤能补拙，勤奋是弥补缺陷的最佳良药，勤奋也是最被老板看重的工作态度。

著名的心理学大师弗洛伊德曾经讲过一个很经典的故事。

约翰和汤姆是相邻两家的孩子，他俩从小就在一起玩耍，约翰是个聪明的孩子，学什么都是一点就通，他知道自己的优势，自然也颇为骄傲。汤姆的脑子没有约翰的灵光，尽管他很用功，但成绩却难以进入前十名，与约翰相比，他从心里时常流露出一种自卑。然而，他的母亲却总是鼓励他：**“如果你总是以他人的成绩来衡量自己，你终生也不过只是一个‘追逐者’。**奔驰的骏马尽管在开始的时候总是呼啸在前，但最终抵达目的地的，却往往是充满耐心和毅力的骆驼。”汤姆就在他母亲的激励下不断努力，勤奋学习。而约翰自恃聪明，根本不愿意付出更多的努力。

就这样，一生匆匆，聪明的约翰一生业绩平平，没能成就任何一件大事。而自觉很笨的汤姆却从各个方面充实着自己，一点点地超越着自我，最终成就了非凡的业绩。

约翰愤愤不平，以至郁郁而终。他的灵魂飞到了天堂后，质问上帝：“我的聪明才智远远超过汤姆，我应该比他更伟大才是，可为什么你却让他成为人间的卓越者呢？”上帝笑了笑说：“可怜的约翰啊，你至死都没能弄明白：我把每个人送到世上，在他生命的‘褡裢’里都放了聪明、勤奋和成功，只不过我把你的聪明放到了最前面，你因为看到或触摸到自己的聪明而沾沾自喜，就没有再去口袋取你的勤奋和成功，以至误了你的终生！而汤姆，我把他的勤奋放在了最前面，他看不到自己的聪明，只是不停地勤奋努力地在口袋里面掏，到最后他终于摸到了聪明，也得到了成功！”

天资并不能决定一个人的成就。许多的聪明人都曾为一个问题而困惑不解：明明自己比他人更有能力、天分更高，为什么成就却远远落后于他人？关键的关键还是：勤奋。勤奋不够，聪明反被聪明误。当一个人把勤奋努力作为人生的座右铭，当一个人把自己的全部精力都投入到某一工作中去，就算他天资不足，就算他愚钝笨拙，就算他身患残疾，但又有什么做不成功的事情呢？

洛克菲勒说过：“成功与很多因素有关，但究其原因还是人的勤奋程度不同。”勤奋是没有什么东西可以代替的。罗马诗人贺拉斯有句名言：**“如果不努力，人就不可能从人生中获得任何东西。”**

勤奋是每天必做的功课，别有任何不劳而获的思想。再聪明的人离开了勤奋，也不可能触摸到成功。成功者都是奋斗者。要明白：你要得到最好的东西，要想实现目标、愿望，就得奋斗，就得付出最大的努力。

懒汉们常常抱怨他们没有能力让自己和家人衣食无忧，勤奋的人则会说：“我也许没有什么特别的才能，但我能够拼命干活以挣取面包。”天下没有免费的午餐，这个世界不养懒人，老板更不会养懒人。没有任何一个老板会喜欢懒散的人。所以，要得到老板的关注，要取得自己的成功，绝不能离开勤奋，离开了勤奋也就等于放弃了成功。

企业从来没有像今天这样看重勤奋的员工，并给予他们如此多的机会。不论哪个行业，老板（领导）都非常敬重勤奋工作的员工。如果你足够勤奋，如果你努力工作，如果你的工作卓有成效，公司或单位的老总、负责人可以给你鞠躬，可以给你提升加薪，这是无可厚非的事情，因为你的努力，给公司、给企业创造了财富，带来了利益，他们感激你，他们需要你，这时候,你理所当然是老板眼中的红人,是企业最放不开的明星员工!

2. 勤奋是成功的必经之路

常言道:一天之计在于晨,一年之计在于春,一生之计在于勤。没有了勤奋就没有了一切。打开世界名人辞典,哪一个名人不是通过付出勤勤恳恳的劳动才获得成功的?他们的成功,靠的是勤奋,靠的是刻苦学习,苦思冥想,反复实践。没有了勤奋,就没有他们的成功!

美国的科学家爱迪生,他研究电灯,历时十余年,先后选用了6000余种不同物质做灯丝实验。一生之中的发明有1100项之多。他说:"天才是百分之一的灵感,加上百分之九十九的汗水。"

我国数学家陈景润为了摘取"数学皇冠上的明珠",解决"哥德巴赫猜想",坚持每天三点钟起床学外语,同时每天去图书馆,沉浸在数学符号的海洋之中。有一天中午,图书管理员曾大声喊叫,问馆内是否还有人,但全神贯注看书的陈景润什么也没听见,被反锁在图书馆内。等他出来时,望着那紧锁的大门,毫不在意地笑了一下,不知疲倦地又回到书堆中……他就这样刻苦攻读,潜心钻研,演草纸就有几麻袋。终于发现了"哥德巴赫猜想"研究上的"陈氏定理",成为享誉世界的数学大师。

勤奋的人不一定会成功,但是如果想要成功,却永远绕不开勤奋,因为勤奋是成功的必经之路,勤奋是成功的不二法门。

很多人都认为富翁们之所以钱多是碰到了好运气,但是亿万富翁川普在他的新书《像川普一样思考》中认为自己成功并不是靠运气。川普认为自己成功的最基本原因不是别的,而是勤奋工作。他说,勤奋会带来好运,因为勤劳多半会导致成功,然后人们就认为好运带来成功。就算是如此，也是因为你运气够好，自己聪明到知道要工作勤奋。而同样的观念在18世纪本杰明·弗兰克明就提倡过，他曾表示：我越勤奋工作，我的运气就越好。

世界巨富微软前总裁比尔·盖茨在中学时代和后来微软创业时，都相当勤奋，当时的好友艾伦回忆说，他经常在计算机前睡着，然后醒来后马上继续写程序，以至于艾伦认为盖茨有在梦境中编程的能力，当微软已成为一个帝国后，盖茨仍然每天勤奋工作，一天要开许多会议，包括技术、公司战略以及重要产品研发等。勤奋是一种人生的态度，有追求的人，才会有持续的勤奋工作动力；勤奋是一种习惯，只有把这种行为养成习惯，固化在自己的行为模式中才能成就伟大的事业。当然，我们成为软件业精英的目标同样需要持久的勤奋和热情。

盖茨自己也这样认为。在博鳌亚洲论坛2007年年会现场，比尔·盖茨成为人们关注的焦点。近2万名网友向他提出4000多个问题，其中问的最多的是，他成功的主要原因是什么？盖茨回答："工作勤奋，我对自己要求苛刻。"

其实，人人都知道要想成功首先要勤奋工作，可是许多人又不想通过好好工作去取得成功，因为走这条路太苦太累。这是人的通病，于是一遍遍地追问成功者，怎样才能成功。然而，成功者的回答只能让其一次次地失望。

拿破仑说："一个人能飞多高，并非由人的其他因素决定，而是由他自己的心态所决定。"我们从不缺乏成功的经验、方法和秘诀，缺乏的是全身心的投入和勤奋不辍的精神。

缺少勤奋的精神，哪怕是天资奇佳的雄鹰也只能空振双翅；有了勤奋的精神，哪怕是行动迟缓的蜗牛也能雄踞塔顶。成功不单纯靠能力和智慧，更要靠每一个参与者的良好的勤奋态度。只有坚持不懈地付出努力，才是取得成功的不二法门。只有勤奋是通向成功的必经之路。那些成功者,那些做出了惊天动地大事的伟人,那些忠诚敬业成就卓越的人,都有一个共同的特点,那就是勤奋。从来没有一次成功是不需经过勤奋努力奋斗而得来的,从来没有一个成功者是散漫懒惰的。

一份耕耘一份收获,有努力就有回报。任何人,哪怕天分再低,只要勤奋努力了都会有所成就,有时所获的成就甚至连自己也吃惊。

勤奋不仅是一种对待工作的态度,而且也是一种对自己负责任的表现。要想在这个人才辈出的时代里走出一条完美的职业轨迹,唯有依靠勤奋工作的精神去激励自己不断地进取,才能够实现人生的梦想。

大家都知道小巨人姚明,就是通过自己的勤奋和努力取得成功的典型,他不仅是NBA巨星,也是知名的劳模。

劳模从来就不是一种随意的恩赐,而是一种对当下最杰出人物的褒奖,姚明恰恰就是这个大时代的杰出人物。所以,姚明成为劳模可谓众望所归。

在第四个赛季的姚明,带领着铁血火箭实现了休斯敦人和无数中国球迷等待太久的愿望。尽管火箭没有湖人那么强大的实力,姚明也没有当今NBA最伟大的球员科比·布莱恩特那样的“天分”,但是在NBA征战了整整7个赛季的“东方巨人”用中国人特有的勤奋和刻苦赢得了属于自己的成功……

姚明征战NBA的第7个赛季,无论身体条件、技术水平还是心理素质,都达到了近年最好水平。本赛季常规赛,姚明总共出场77次、只休战5场,这是姚明自2004～2005赛季后出勤率最高的一年。姚明本赛季身体健康,场均贡献19.7分和9.9个篮板,总得分1514分和总篮板761个,都达到了在NBA的新高。姚明NBA生涯总得分9196分、总篮板4467个和总盖帽912次。火箭前主帅范甘迪曾多次表示:“没人会比姚明打球更勤奋,没人,他完全可以以此为傲。”

在球场之外,姚明同样被认为是新时代"劳模"的不二人选。2004年,姚明曾被评为"中国体育最具影响力人物",紧接着第二年他又赢得另一项荣誉:上海最年轻的全国劳动模范之一。当时上海给出的推荐理由是:"姚明是位能代表中国形象、有突出成绩的运动员;他身上体现出了爱国主义精神。他在美国的表现非常好,但只要祖国召唤,他马上就回来,这是一种难能可贵的品质。"

姚明是一个勤奋努力的年轻人,这不仅是中国人的共识。美联社曾在报道中这样写道:"众所周知,休斯敦火箭队中锋姚明是篮球界最为努力工作的人。"

NBA"大鲨鱼"奥尼尔曾经这样评价姚明:"他有成为一名伟大球员的一切特质,他可以投篮、控球,最重要的是,我从来没有看到他在场上懒散的样子。"的确,姚明用勤奋和刻苦,让人们知道,他能在NBA成功,绝不仅仅因为他的身高。

古罗马人有两座圣殿:一座是勤奋的圣殿,另一座是荣誉的圣殿。他们在安排座位时有一个秩序,就是必须经过前者,才能达到后者。那些试图绕过勤奋寻找荣誉的人,总是被排斥在荣誉的殿堂之外,因为勤奋是通向荣誉的必经之路。

任何成功,都来自于勤奋者的努力,世界上没有不劳而获的事,不然世界上所有的人,不用去做事,都是成功者。在职场上,成功也是没有捷径可走的,只有勤奋苦干才能有所收获。不管我们现在从事什么样的职业,不管我们站在哪一个岗位,应该牢记的是:勤奋是通向成功的必经之路,无论是谁,都无法绕过。

3.职责之外,记得多加一盎司

著名投资专家约翰·坦普尔顿通过大量的观察研究,得出了一条很重要的定律——“多一盎司定律”。他指出,取得突出成就的人与取得中等成就的人几乎做了同样多的工作,他们所做出的努力差别很小——只是“多一盎司”。但其结果,所取得的成就及成就的实质内容方面,却经常有天壤之别。

约翰·坦普尔顿首先把这一定律运用于他在耶鲁的经历。坦普尔顿决心使自己的作业不是95%而是99%的正确。结果呢?他在大学三年级就进入了美国大学生联谊会,并被选为耶鲁分会的主席,并得到了罗兹奖学金。

约翰·坦普尔顿认为,只多那么一点儿就会得到更好的成绩,那些在一定的基础上多加了一盎司的人,得到的份额远远大于一盎司应得的份额。

约翰·坦普尔顿用大量的事实证明了“多加一盎司定律”是促使人成功的一条普遍定律。“多加一盎司”在所有的工作中都会产生好的效果。在商业界,在艺术界,在体育界,在所有的领域,那些最知名的、最出类拔萃的人与其他人的区别不过只是多加了那一盎司,努力、多勤奋那么一点儿。

杨丽萍是我国著名的舞蹈演员,她留给我们最深印象的便是那支美丽的孔雀舞。可是你知道吗,刚开始她并没有什么名气。

那时,杨丽萍刚从云南到北京歌舞团,也没有几个人看得起她。但是她很能吃苦,一般人练舞最多到晚上12点,她却要练到凌晨四五点钟。

有一次,北京歌舞团要举行一次全国性舞蹈比赛,她很想参加。但是，做一条跳舞时穿的孔雀裙要花几百块钱，而当时她一个月的工资只有几十块钱，尽管非常为难，但她咬咬牙，想尽办法借到了钱，做了一条。

在评选即将结束的前一天，下着瓢泼大雨，杨丽萍带着录好的带子敲开了一位评委家的门。

这次大赛有规定：第一，带子必须由单位送来；第二，过了规定时间就不能参加。这两条杨丽萍都不符合，但是这位评委还是被她的真诚感动了，于是答应她："我会在一个合适的时候，将你的作品放给大家看一下。"

结果，在看到她的带子时，所有的评委都被她优美的舞姿震惊了，杨丽萍最终获得了一等奖。

后来，杨丽萍说："我要成功，而作为一个女性要成功，我只能要求自己比别人多付出一些，多训练一些。"

多付出一点，多做一点，便多了一份展示的机会，便得到了比别人多得多、也辉煌得多的成功。

要多一盎司，才有更大的成功，那么，少一盎司当然是我们最应该杜绝的了。"我常缺勤，可我有才能！"不要妄想用这样的语言应付领导，要知道，经常请假是那些满足于不思进取的人常干的事。

提前上班，别以为没人注意到，领导可是睁大眼睛在瞧着呢。如果能早一点到企业，就说明你十分重视这份工作。每天提前一点到达，可以对一天的工作做个规划，当别人还在考虑应该做什么时，你已经走到别人前面了！推后下班，将今天的事情做个彻底干净的了结，将明天要做的事事先做个准备，如此你又先人一步，工作条理更加清晰。

也许你多做的这一点无法立刻得到回报，但要记住，付出必有回报，这是一个历经检验的法则。不要对此有所怀疑，应该坚定不移地一点一点地走下去。

"多加一盎司"、"多做一点点"其实是一个人人都懂的秘密，成功者和失败者的区别，只不过是成功者不仅知道了这个秘密，还照着去做了，去多加了一盎司。而失败者都没有那样去做。

“多加一盎司”事实上并不是什么天大的难事，既然我们已经付出了99％的努力，已经完成了绝大部分的工作，再多增加“一盎司”又何妨呢？而在实际的工作生活中，我们往往缺少的就是“多加一盎司”所需要的那一点点责任，一点点决心，一点点敬业的态度和自动自发的精神。

4. 勤勤恳恳，努力做好自己的工作

勤奋努力的人是不会计较多做一些工作的，他们知道这些辛勤的付出其实都是为自己的成功做准备，因为唯有勤奋是成功绕不过去的必经之路。许多成就非凡的商界精英的成功秘诀都是基于实干心态上的勤奋和努力，勤奋就是他们制胜的法宝，是他们成功的秘密所在。

有一位四川娃，初中毕业就外出打工。1997 年 7 月，他应聘一家房地产代理公司的发单员，底薪 300 元，不包吃住，发出的单做成生意，才有一点提成。

上班第一天，老板讲了很多鼓励大家的话，其中一句“勤奋的人一定可以成功，不勤奋，什么也不会得到”让他印象深刻。

上班后，他劲头十足，每天早晨 6 时就出门，晚上 12 时还在路边发宣传单。他连续拼命干了 3 个月，发出去的单子最多，反馈的信息也最多，却没做成一单生意，为了给自己打气，他把老板告诉他的那句“勤奋的人一定可以成功”写在卡片上，随时提醒自己。

因为他的勤奋，他的业务渐渐多起来，公司把他从发单员提拔为业务员。当时，公司销售的楼盘是位于北京市西三环的高档写字楼，每平方米价值 2000 美元。这种高档房，每卖出一套，

提成丰厚，他暗自高兴，以为马上就能做出成绩。然而，两个月过去，他一套房都没卖出去。

终于有一天，有一名客户来找他，他喜忧参半，喜的是终于有了客户，忧的是不知该如何跟客户谈。他脸憋得通红，手心直冒汗。但是，除了简单地介绍楼盘的情况外，他不知道再讲些什么，只能傻傻地看着对方。结果，客户失望地走了。

“勤奋的人一定可以成功。”他不断地给自己鼓劲，开始苦练沟通技巧，主动跟街上的行人说话，介绍楼盘，两个月后，说话能力提高许多。

有一天，一个抱着箱子的人向他打听三里屯的一家酒吧在哪里。他热情地告诉对方，但对方还是没有听明白，他干脆领对方去，还帮对方抱箱子，告别时，他顺手发一张宣传单给对方。那个人很感兴趣，第二天就找到他购买两套房，并说：“我平时很烦别人向我推销东西，但你不同，值得信赖。”这一单让他赚到1万元，更让他激动的是，他相信自己能胜任这份工作。

但他的成绩并不好，每个月只能卖出一两套房，在业务员里属于比较差的。

1998年8月，公司组建成5个销售组，采取末位淘汰制，他处在被淘汰的边缘，这时他对“胜任才是硬道理”有了深刻认识，要胜任就必须找到好方法。因此，当经验丰富的业务员跟客户交流时，他就坐在旁边认真地听，看他们如何介绍楼盘，如何拉近与客户的距离，他还买了很多关于营销技巧的书来学习，他学着把握客户的心理，判断客户的需求、实力，每次与客户交谈时都有针对性。他的业绩开始稳步上升。

1999年他的一个客户想买写字楼，拿不定主意。他知道后，给这个客户做了一个报告，详细分析各楼盘的特点，同时告诉客户，他的楼盘的性价比优势在哪里，客户最终决定在他的楼盘里买下一个大面积的写字楼。这一单，卖出了2000万元。

后来，他一个旺季的销售额达到6000万元，在公司排名第一。按照公司规定，销售业绩进入前五名者可以竞选销售副总监，他决定试试，结果，他成功了。可令人没想到的是，第一个季节结束时，他带领的销售组排在最后一名，他在副总监“宝座”上还没坐热，就被撤了。以往被撤销副总监职位的人，大多选择离开，因为他们觉得再也没有颜面当一名普通销售员。

重做业务员后，他调整心态，和从前一样拼命工作，2003年最后一个销售季，他又拿到全公司第一，再次竞选当上销售副总监，这一次，他一上任就开始精心培训手下的员工，将自己的经验毫无保留地传授给他们，他说：“只有大家都好了，我的境遇才会更好。”结果，这个赛季结束，他的组取得很好的成绩，销售额达到8000多万元，租赁也达5000多万元。

此后，他所带团队的业绩一直名列前茅，他的收入自然提高，每年的收入都在百万元上。

他叫胡闻俊，那个告诉他“勤奋的人一定可以成功”的老板是潘石屹。

缺乏事业至上、勤奋努力的精神就只有观望他人在事业上不断取得成就，而自己却在闲散和怨恨中消耗生命，甚至失去谋生之本。但是如果不管做什么工作都勤勤恳恳，积极努力，成功的机会就会来临。

一个平凡而普通的机修工人，就凭着过人的勤奋和敬业精神，在平凡的岗位上也做出了不平凡的业绩。

李桂阳为人爽快，业务技术过硬，责任心特强。他自担任二塘选煤厂洗煤车间机修值班长以来，查障、抢修、装配，每一样都尽心尽责。

李桂阳对生产系统中的每一台设备的具体运行情况，每一个零配件的装配要领，他都努力做到心中有数。他善于在学习思考的过程中经常“回头看”,看看哪些方面掌握得好,哪些打了折扣,原因是什么,教训是什么,不断总结学习经验,积累学习成果,使学习的知识内化为思维方式,外化为行为方式,转化为工作能力。他将学习同研究和解决实际问题结合起来,学习为源,实践为师,勤于思考,勇于创新,造就了自身过硬的素质和本领。

李桂阳任何时候对工作都勤勤恳恳。无论是白天还是夜晚,无论是雨天还是雪夜,无论是在上班时还是在下班后,只要设备出现故障,他都及时赶到现场,与班员研究对策,抢修处理。

李桂阳一心扑在平凡的机修岗位上,用自己的聪明才智和勤劳的双手努力工作,出色完成了多项急、难、险、重工作任务,连续多年被评为厂“先进个人”,2006年被授予厂“劳动模范”光荣称号。

勤奋是成功的必经之路,勤奋是走向一切目标的必经之路。成功需要天赋,需要机遇,更需要勤奋。而且天赋和机遇都是上天给的,只有勤奋靠我们自己。所以,勤勤恳恳地工作,努力认真地工作,成功就会属于你。

5.认真刻苦,专注于自己的工作

专注就是专心致志,就是一心一意,执著坚持,就是把所有的精力都集中于一点,不为任何事情干扰,不达目标不罢休的行为。

专注是优秀员工的优秀品质,是平庸和卓越的分水岭。没有专注,就不可能有成功。一个人如果不能专注于自己的工作,三心二意,三天打鱼两天晒网,东张西望,左顾右盼,怎么可能取得成就?

常言说得好:一心不能二用,不能专注于心,只能一无所获,就只能像那只著名的小猫一样,蜻蜓没抓着,蝴蝶也飞了。

成功者拥有专注精神。因为他们深深知道,在社会分工越来越细的今天，没有一个人可以做到行行通、样样精。要想在当今社会中有所建树，必须要专注于一行一职。把自己全部的精力、时间和所能调动的一切资源，都投入到所选择的事业中，去创造尽可能大的成绩。而有些人则想法太多、目标分散，总是一心多用、左顾右盼，因为不专注，所以力量无法凝聚，因此无法在本职工作上取得成绩。因为没有成绩，所以在竞争中落后，并一输再输，最终只能被淘汰出局。而那些成功者，却大多拥有专注的精神。

在2006年的博鳌亚洲论坛年会上，有记者采访作为全球最大的中文搜索引擎“百度”的创始人和当家人——年轻的李彦宏。当记者问他成功的秘决时，他的回答只有两个字：专注。

迈克尔·乔丹从15岁开始从事篮球事业，至今已有29年。期间有很多机会从事很多行业，但他坚持只投身篮球运动。因为专注，使他成为NBA历史上最伟大的球星。

世界著名的物理学家丁肇中先生，在40岁时就获得了诺贝尔物理学奖。丁先生说：“与物理无关的事情我从来不参与。”

世界首富比尔·盖茨，以他的财力和智慧，他可以做的事情实在太多。然而，他和他创办的微软公司20多年来始终专注于软件技术和软件产品研发、推广事业。所以比尔·盖茨是世界首富，微软至今仍是世界上最成功的企业。比尔·盖茨2008年退出微软日常运营，专注于慈善事业。很多人都评价，盖茨对慈善事业和他当初对计算机一样专注，他肯定会成为世界上最伟大的慈善家。

世界财富排名仅次于比尔·盖茨的巴菲特从11岁开始买第一只股票，现在70多岁了，还没有改行的迹象，看来，他要做一辈子的投资大师了。巴菲特肯定知道很多赚钱的行业，但他没有去做，不管股市是牛市还是熊市，他都吊在这棵树上，就因为他相信，只有专注才能成功。

可见，只要专心致志地坚持不懈地去认真做一件事，这件事一定会带给你成功的喜悦。很多天资不高的人之所以能够比聪明人的成就更大，只因为他们掌握了认真专注这个秘密武器。再有能力的人如果把精力分散在很多工作中，他致力于每一件工作中的精力就会很少，这样当然很难把工作做好，其结果肯定远远不如那些能力不大但专注于一件工作的人。有很多看起来很聪明的人，忙忙碌碌地同时做很多事情，看起来好像他们能力很强。可是往往到最后，这些人并不能真正做成什么事。反而，这世上有许多人，看起来很弱，也没什么了不得的才能，却能成就伟大的事业，其秘诀还是在于他们有着非凡的认真专注的工作精神，认清目标，集中全力，不彷徨，不迟疑，坚持到底。

黎智英，用一港币从香港街头起家，没有受过教育，却能靠着流利的英语闯进纽约成衣业，阅读复杂的经济理论。先后创立公明织造厂、佐丹奴成衣连锁、《壹周刊》与《苹果日报》，身价超过5亿美元。

30年的创业生涯，他说：简单，才能专注；专注，才能成功。

无论做人或做事，简单才能专注。但是大多数的人都喜欢保有许多选择，愈是重要的事情便要愈多的选择；殊不知选择愈多，事情愈复杂，如果我们将生命里重要的事情都复杂化，那我们必死无疑。这是黎智英的感悟。

1979年，15岁的王文京走进江西财经大学校门的时候，对自己的未来毫无预知。他不怎么喜欢自己的会计专业——那时候，是个生产队就有会计，会计不就是记账的吗？能有什么出息？

22年后，王文京创办的用友软件公司以创纪录的每股36.68元价格发行2500万股，上市第一天就冲高100元，握有用友55.2%股权的王文京身价也随之飙升了10倍，达到50亿元，成为“知识创造财富”经典故事里的标准主角。

谈及自己的成功经验，王文京说道："一生只做一件事。专注，坚持，又赶上了好时代——就这么简单。"

一生专注一项事业，每天专注本职工作，这是一个成功的方法，更是一条实现成功人生的捷径。

古人云，十鸟在林，不如一鸟在手。既然选定了一项事业、一份职业，就专注地投入进去。做到思之、想之、谈之、研究之、坚持之；把它弄懂、弄通、弄透、弄专、弄精，尽最大努力，调动自身全部资源和力量做到最好。只有这种心无旁骛的坚定信仰和十年一剑的专注精神，才有可能在有生之年成就一番事业，实现自己的理想和价值。

6.摒除惰性，老板不会容忍任何形式的懒惰

勤奋可以给个人和民族创造辉煌，在世界历史上能够留下痕迹的事情都是勤奋的结果。懒惰能给个人和民族带来毁灭，它从来没有给世界历史留下好的声音。

有人问寺院里的一位大师："为什么念佛时要敲木鱼？"

大师说："名为敲鱼，实则敲人。"

"为什么不敲鸡呀，羊呀，偏偏敲鱼呢？"

大师笑着说："鱼儿是世间最勤快的动物，整日睁着眼，四处游动。这么至勤的鱼儿尚要时时敲打，何况懒惰的人呢！"

"懒惰"是个很有诱惑力的怪物，人一生谁都会与这个怪物相遇，比如，早上躺在床上不想起来，起床后什么事也不想干，能拖到明天的事今天不做，能推给别人的事自己不做，不懂的事自己不想懂，不会做的事自己不想做……"懒惰"是人类最难克服的一个敌人，许多本来可以做到的事，都因为一次又一次的懒惰拖延而错过了成功的机会。

寺院里这位大师讲的敲打，就是我们现在所讲的鞭策。人一生要勤奋就要不断地鞭策自己，克服懒惰的毛病。

许多企业员工不热爱本职工作，因为他们对工作没有兴趣，在工作中懈怠而非专心致志。**无数的职场事例表明，懈怠产生无聊，无聊则导致懒散。**世界上没有天生的懒人，人总是期望有事可做，但懈怠和懒惰却会轻易地消除我们的热情，所以，一定要摒除这种惰性才能有所成就。

有一位靠慈善机构救助的失业青年写信告诉成功学家卡耐基先生，他说自己曾经多次求职，均遭失败，他希望卡耐基先生告诉他解决的办法。

于是，卡耐基先生来到了贫民区，找到了这位青年。他发现这位青年对事业有着强烈的欲望，却难以战胜多年来养成的懒惰习惯，不能够勤奋的工作，才陷于困境之中。

卡耐基先生对他说："你总是想做一番事业，但是当你真的面对一份工作的时候，又不肯勤奋努力。其实，一个人如果不能抵挡懒惰的诱惑，便不会有一个勤奋的开始。失去了勤奋，一个人也只有在困境之中自甘堕落，挥霍自己的青春。"

这位青年说："我很想改变自己的这个毛病，但我没有想出战胜它的办法。"

卡耐基说："给自己制定一个短期目标，找一份工作，每天咬紧牙关要求自己从一点一滴的小事做起，认认真真地干好每一天的工作。并且，养成每天把自己的私人房间都收拾得干干净净、清清爽爽的习惯，勤奋的意识便会慢慢渗入你的脑海之中。"

这位青年听从了卡耐基的忠告，不再接受慈善机构的捐助，开始寻找工作，自己养活自己。他走到大街上，发现许多公司的牌匾上面落了很厚的灰尘，却无人擦拭。便抱着试试看的心理，找到一家公司的主管，对他们说："牌匾脏了会影响公司的形象，我可以将贵公司门前的牌匾擦拭干净，而且工钱很便宜。公司的主管欣然接受了他的建议。他便花了几个小时将公司门前的那块牌匾擦拭得焕然一新。公司的主管很高兴,给了他工钱之后,还对他说,希望他今后能继续提供这种服务。

受这件事的启发,这位青年用这次擦拭牌匾赚来的钱印了传单,买来了需要的清洁用品,为所有需要清洁牌匾的公司提供服务。他的这项服务推出后,立刻受到社会各界的欢迎,一时间,订单像雪片一样飞来,他立刻全身心地投入自己的工作之中。

后来,这位青年在此基础上成立了一家专门清洁牌匾和粉刷楼房外墙的公司。每天,他都要求自己和工人们在一起干活。结果,由于服务周到、信誉良好,他的财源滚滚。

懒惰和懈怠是对生命的挥霍。在许多组织里,有很多成员把懈怠工作当成司空见惯。如果把工作情景摄录下来,你就会惊讶地发现,**懈怠正在不知不觉地消耗着我们的生命。**其实,懈怠是人的惰性在作怪,每当自己准备专心工作时,就会找出一些可以安慰自己的借口。成功的员工能在瞬间果断地战胜惰性,把全部精力用在工作上,积极主动地面对挑战;而另一些平庸的人,却无法定夺,在惰性的"泥潭"里不知所措。

实际上,没有任何一位老板会容忍员工任何形式的懒惰。要知道老板雇用你的目的是为企业创造价值的,而一个懒惰的员工,只不过是把工作当成了拿饭票的地方,把岗位当作自己混时间的场所,哪一个老板会容忍这样的行为呢?所以,要想在职场上有所成就,要想得到老板的青睐,首先要抛弃懒惰和懈怠,勤奋起来,努力起来。

其实,谁都无法否认,人都是有惰性的,只是每个人"惰"的程度不同而已,关键是我们要去有意识地规避惰性,激发自己的积极性,养成勤奋努力的好习惯。如果你这样做了,成功应该不远。

7. 别怕付出,有付出就一定有回报

你需要付出相当的代价才能让自己变得更优秀,如同你想跑得更快、跳得更高,也都需要付出代价一样。一个成功的推销员用一句话总结他的经验:“你要想比别人优秀,就必须坚持每天比别人多访问5个客户。”“比别人多做一点”,这几乎是事业成功者高于平庸者的秘诀。

俗话说:付出总有回报,付出多少,得到多少。在日常工作中,只要我们主动努力,勤奋工作,甘心奉献,主动付出,“多加一盎司”,把它们做得更完美,你将会有数倍于“一盎司”的回报,这是毋庸置疑的。真正的成功是一个过程,是将勤奋和努力融入每天的生活上的过程。

曾经有一套畅销书在排行榜上高居首位长达数月。这套畅销书作者还不太习惯用电脑写作,他喜欢用手书写稿件。尽管他身高1.75米,可是,他已经成文或作废的手稿叠加起来竟高达1.82米,比他的身高还要高出7厘米。

这1.82米高的手稿,全是由他一笔一笔写就的,一个字一个字码成的。写作期间,因为伏案久坐,这位作者患上了颈椎病,他一边忍受着病痛的折磨一边坚持写作。超乎寻常的付出终于换来图书的畅销佳绩,给他的人生涂上了艳丽的一笔。如果把“付出”看成一种投入的话,那么“杰出”就是产出。

真正成功或有可能成功的都是那些曾经全力投入和付出的人士。从成功人士身上,我们可以总结出这个结论:投入与产出是能成正比的。只要你的目标明确,方法有效,经过持之以恒的努力,你一定可以登上心中那座神圣的山峰。

天平,正如它的名字一样,像征着平等、公平,准备地反映事物的轻重,孰重孰轻绝不偏袒任何一方。天地间也有这么一杆大秤,专门称量一个人的付出与回报,你有多少的付出相应地也

会得到多少回报。

一位平凡的教师，几十年如一日，在三尺讲台上挥洒自己的青春与汗水，以其精湛的教学素质和崇高的师德，换来了桃李满天下，换来了世人对他的尊重。

一名普通的交警，无论严寒酷暑都坚守自己的岗位，为路人排忧解难，在纷争前挺身而出，惩治那些违规驾驶者，维护了人们的安全和利益，博得了众人的赞赏与称颂。

一个勤劳的家庭主妇，一辈子为家庭劳心劳力，抚养了女，照顾老人，赢得了全家人的敬意，成为一个美满家庭不可缺少的主心骨。

平凡的人们在自己平凡的岗位上付出着，他们不是为追求名声，不是为追求利益，但天地间的那杆大秤，却回报了他们相应的名和利。

付出多少，得到多少。如果你的投入无法立刻得到相应 的回报，也不要气馁，应该一如既往地多付出一点。回报可能会在不经意间，以出人意料的方式出现，但是请你相信，回报一定会来。

第七章　节俭一点，为企业节约就是为自己加薪

节俭是美德，更是责任。老板最看不惯的就是浪费，最害怕的也是浪费。如果你们都不节俭，就算工作再怎么努力，企业的财富也一样会如漏斗积水，终归成空。所以，节俭一点，省下的都是赚到的，每一分都有你们的份，集腋成裘，积少成多，为企业增利润，也是在为你自己加薪。

1. 为企业节约是每一个员工的责任

每一名对企业有责任感的员工，都会把企业当成自己的家，会尽最大努力完成自己的每一项工作，把浪费降到最低限度，小心地使用设备和服务设施，高效率地利用好自己的时间。这样，不论是开动一台机器，还是进行一次车间服务，或者是在办公室打一封信件，员工都会最大限度地为企业节约每一分钱。

现在很多员工仍然存在这样一个误区，总是认为钱是企业的，浪费的也是企业的资源，和自己没有多大的关系，何必为企业节约呢？他们对于节约总是抱着一种无所谓的态度，平时在工作当中也总是大手大脚，随意地浪费原料、办公用品等，严重损害了企业的利益，同时也造成了极大的浪费。

这种现象的存在，一方面说明这些员工缺乏责任感，同时也从另一方面说明，这些员工并没有真正理解节约对于自己的重要意义。

事实上，单纯从企业和员工的利益关系来说，节约对企业和员工来说是双赢。对于企业来说，节约可以有效地降低企业的成本，提高企业的利润，增强企业应对市场变化的能力。提倡节约意识，还有助于逐步形成勤俭持家、注重节约的企业文化。同样，节约不仅对于企业有好处，更会惠及员工自身。每一名员工都能够自觉地为公司节约资源，为企业创造价值和效益，使企业的效益更好，企业就更有能力给予员工相应的回报和鼓励，员工也能够得到相应的收益。

所以，为企业节约每一分钱是企业对员工的基本要求，也是员工的责任。你是企业的一员，你就有责任更有义务要为企业增加利润，而节约就是增加利润的一种方式。

2003 年，青藏铁路建设进入攻坚年，罗发兵作为青藏铁路项目部的推土机司机，主动申请跟着修筑“天路”的队伍来到了美丽的青藏高原。

有一次，罗发兵正在施工，忽然发觉车身往下沉了一下，探头一看，不好！车身已下陷了一米多深，并且在继续随着松动的土石往下滑。罗发兵不由得惊出一身冷汗，因为路基旁就是悬崖，如果继续下滑，马上就可能连人带车翻入万丈深沟！情况十分危急，如果他扔下推土机立即跳车，他就安全了，但30多万元的机械就报废了。这对于一向万分珍惜公司财产的罗发兵来说是绝对不允许的！危急之中，他朝前面一台挖掘机司机大声呼救。挖掘机手立即掉转机头，用大铁爪猛地钩住继续下沉的推土机。此时，车身的1/3已经悬在半空中！

罗发兵沉住气，配合挖掘机，小心翼翼地一点一点操作，一步一步后退……就这样，经过两个多小时的努力，罗发兵和他心爱的推土机终于化险为夷！

罗发兵就是这样，爱护企业的财产就像爱护自己的眼睛一样。正是因为这份对企业的责任感，才使他为了企业的利益，甚至不顾个人安危。

每一个员工的节俭都会推动公司的成长，每个员工的节俭都会为公司的进步增添一份力量，自身节俭和促进公司的发展是每一位员工义不容辞的责任，只有懂得节俭的员工才能为公司创造更大的价值。如果你是这么想的，也是这么去做的，那你就会成为公司的重要员工，获得晋升，得到重用。

“德宝，给我拿几条螺丝、螺帽、垫圈。”

“你要几条螺丝，装哪个部件的？”新乡机务段检修车间架修二组工长安德宝边发料边询问道。

“装后通风机用，拿14条螺丝吧。”

“不对，装东风7型机车后通风机需要12条螺丝，装东风4型机车后通风机只要10条螺丝就够了，你要这么多干什么？”

“多拿几条，省得掉了、坏了再来麻烦你呀。”

“不行！需要几条，就只能给你几条。掉了，要尽量找回来；坏了，我再给。宁可麻烦一些，也不能浪费。”

“你可真‘抠门儿’，是个好管家。”伙计们笑着说道。

以前，架二组的各种材料都在外面的柜子里放着。无论谁需要，随时都可以拿走，想怎么拿就怎么拿。大家都觉得非常方便，但却造成材料的极大浪费。比如有的人用6条螺丝，他就要拿8条，需要用4个垫，就拿6个。大家都想着多拿几个，万一坏了、掉了，省得来回跑。或者干脆多拿一些备在自己的工具箱里，但是时间一长又忘了箱子里都有些什么东西，就又来大料柜里面拿，结果造成很大的浪费。

安德宝看在眼里，记在心上，深感长此以往，成本超支就会愈加难以控制。于是，安德宝想出个“绝招儿”，把所有的材料统统收起来，统一发放。为此，他刻苦钻研业务，不管是东风4A型、B型，还是东风7A、B型机车的结构，统统熟记在心。哪里用多少螺丝、几个螺帽，都心中有数。不管哪位伙计来领材料，他都知道什么类型的机车，用什么材料，该发多少，做到有效监控，防止了浪费现象的发生。

安德宝还经常给伙计们宣讲当前成本控制的严峻形势，增强伙计们的成本意识，树立节约成本就是增加效益，浪费材料就是透支工资的观念。同时，他还积极鼓励大家修旧利废，坚决做到“能修复的决不领新，能自制的决不外购”。安德宝经过多次调研、论证后，经班组民主生活会研究同意，进一步细化完善了《班组领料制度》、《班组民用料和废料管理制度》和《经济考核制度》，使班组职工的节约意识深深扎根于脑海中，在实际工作中，最大限度地节约了成本支出。

安德宝的节约精神现在已在班组内开花结果，班组节约成风，安德宝也成为了企业的节俭之星，受到企业的嘉奖和重用。

节俭是一件简单容易的事情，谁都可以立刻实行。关键看你是不是把节俭当成了自己的责任，而且是不是真正负起了这个责任。负起了这样的责任，当然就是老板心目中的好员工。

2.为企业节约也是在为自己加薪

企业与员工其实是一个利益共同体。只有企业获利，老板获利，员工才会最终获利；也只有员工获利，企业才可能实现可持续的发展，老板才能持续获利，节俭是为了实现员工和老板的双赢。

但是有些员工总是认为钱是老板的，浪费的是老板的资源，反正有老板"买单"，即使节省下来也装不到自己的腰包里，何必节俭呢？这类人对于节俭总是抱着一种怀疑、无所谓的态度，平时在工作当中总是大手大脚的，随意地浪费原料、办公用品等，严重损害了企业的利益，造成了极大的浪费。这类现象的存在，一方面说明这些员工缺乏责任感，持有这种态度的员工，不会是一名好的员工；从另一方面来说，这些员工并没有真正地理解节俭对于自己的意义。

提倡勤俭节约，不仅对老板、对企业有好处，更会惠及员工自身的利益。如果每一名员工都能够自觉地进行节俭，为企业创造价值和效益，使企业的效益更好，企业就更有能力给予员工相应的回报和鼓励，使员工也能够得到更大的利益。

俗话说："大河有水小河满，大河无水小河干。"企业就是大河，大河无水，那员工们的小河当然也会枯竭，这是再浅显不过的道理，也是企业与员工之间共生互惠关系的形象比喻。

在2003年度《财富》500强中，有一个有趣的现象：以营业收入计算，丰田公司排在第8位，但是以利润计算，丰田公司却排在第7位。数据显示,2003年丰田公司的利润总额远远超过美国三大汽车公司的利润总和,也比排在行业第二位的日产汽车的44.59亿美元高一倍多。丰田公司的惊人利润从何而来?

丰田公司的利润,很大一部分是由公司员工自觉节约下来的。丰田公司的厉行节约是全球有名的。

举个简单的例子,丰田公司的员工很在意组装流水线上的零件与操作工人之间的距离。如果这一距离不合适,取件就需要来回走动,这种走动就是一种浪费,要坚决避免。另外,丰田公司还有一个特别的地方:整个流水线上有一根绳子连动着,任何一个员工一旦发现“流”过来的零件存在瑕疵,就会拉动绳子,让整个流水线停下来,并将这个零件修复,绝不让它进入下一道工序。

在丰田,有这样一个故事:一名设计师在设计汽车门把手时发现,原来的汽车门把手零件过多,这样就会增加采购成本。于是,他利用晚上的时间对门把手重新进行了设计,结果把门把手的零件从34个减少到5个。这样一来,采购成本节约了40%,安装时间也节约了75%。

对于企业来说,节约的都是利润。控制好成本,把本来需要支出的部分节省下来,实际上就等于是赚到了利润,这同时也成了一个新兴的利润点。这些利润当然是每一个职工的,企业不仅用它来发展生产,还会用来改善员工的生产生活环境,增加职工的工资补贴、职工的福利,让每一个职工都共享获利。这样,企业发展了,员工也得到了实惠。

企业与员工本身就是一个共生体,企业的成长,要依靠员工的成长来实现,员工的成长,又要依靠企业这个平台。企业兴员工兴,企业衰员工衰。

有些人在潜意识里没有认识到自己与公司的共存关系。很多人在花自己的钱时,会反复砍价,在砍价的同时,又要挑质量最好的商品。但在公司工作中，他们却会认为，上级增效的要求是对自己加压，削减经费的命令又是与自己为难。他们希望随心所欲地花钱，却不知道这是在侵蚀公司的利润，同时也在损害自己的利益。

北京长江幕墙公司是京城幕墙行业的著名企业，年营业额十几个亿。总裁助理刘钰有一次在一个生产车间看到一名员工没有按照规范摆放工具，马上严肃地要求这名员工纠正："你知不知道这样会损害工具的寿命？"员工回答："我知道。但这样放似乎更顺手一些。再说，这也不会对工具有大的损害，这根本就浪费不了几个钱。"下班以后，刘钰留下这个车间的所有人员，严肃地讨论了这件事。他说："公司要求规范地摆放工具，必然有公司的考虑，不是有意增加大家的不便。这件工具并不值太多的钱，使用寿命短上一两个月，似乎也浪费不大。但是，如果每个员工都缺乏成本意识，全公司的浪费就很大。那么我们公司今年的工作主题'效益年'就成了空话。当然，最后受影响的还是你们的奖金。你们总不希望看到这种情况吧？"

员工们大受震动，他们也认识到了：企业就是他们搭乘的船，只有船本身越来越坚固，自己的生命财产才会越来越安全，自己的未来才会越来越明朗。即使船再坚固，如果船上的水手不爱惜，甚至肆意破坏，这艘船也迟早会沉没大海；而同样，即使企业的实力再雄厚，利润再高，如果员工不懂得节俭，也会日渐丧失优势，最终落得个关门倒闭的境地。那这样对员工又有什么好处？

每一名员工都应该明白，自己的工资收益完全来自公司的收益，因此，公司的利益就是自己利益的来源。为企业节约的每一分钱，其实也是在为自己加薪。

若你能处处、时时帮公司节约，老板一定会看在眼里，记在心上，知道你是把自己真正看成是公司这个大家庭中的一员，处处为公司着想。这样，老板一定会更看重你，交给你更多的工作，随之而来的也就是薪水的增长。

3、浪费是老板最痛恨的行为

浪费可耻，节约光荣。浪费不仅仅可耻，也是每一个老板最为痛恨的员工行为。无论这个老板多么有钱，多么富裕，他都不会容忍员工的浪费，因为浪费是财富的大敌，浪费是利润的杀手，是成功的绊脚石，节俭才是为世人称道和尊崇的美德。

世界石油大亨、世界巨富洛克菲勒，住旅店只住最便宜的旅店最便宜的房间，有人就问他，你的儿子每次都住豪华宾馆、豪华单人间，为什么你要住这样差的旅馆呢？洛克菲勒说："因为他有一个有钱的爸爸，而我没有。"

但是在今天，绝大多数中国人都不缺吃、不缺穿时，有些人就忘了应该勤俭节约，不以浪费为耻，反以挥霍为荣，这样的行为当然会引起人们的愤怒，自取其辱。在德国就发生过这样的一件事。

曾经有一些来自中国的游客，在德国旅游期间到一间餐馆用餐时，依然像在国内那样点了一大桌子菜，最后许多菜没怎么吃就结账走人。没想到坐在旁边用餐的几名德国老太太看不下去了，她们站起来拦住他们，出面指责他们这些人的奢侈浪费行为，但那些中国的"大款"们却认为自己出了钱，怎么消费是自己的事情，用不了旁人多管闲事。双方争吵之下，德国老太太们勃然大怒，并马上报了警。在德国还真有这样的经济警察，结果警察对中国的"豪客"们进行了罚款处理。

德国人的平均生活水平比我们中国人高很多，他们的节俭意识和习惯也比我们中国人强很多。在国内我们很多的食堂和餐厅里，包括家里餐桌上的浪费令人难以容忍。有的人以浪费为荣，以浪费为傲，觉得浪费是阔气、是大方、是热情待客。特别是利用公款，或其他于己无损的挥霍浪费，更是无所顾忌毫不吝惜。有人说挥霍浪费，是因为没受过罪没吃过苦，而事实说明是道德观念和文明修养低劣。

奢侈浪费是一种可耻行为，勤俭节约才是一种荣誉。奢侈浪费是财富的天敌，是利润的杀手，是成功的绊脚石，也是企业或者个人由盛而衰的源头。

史玉柱是许多人心目中的英雄，10 多年前，他凭借白手起家，打下了巨人集团的一片江山。但没有几年，这个“巨人”就轰然倒地，令人扼腕叹息，其中原因，与史玉柱抑俭崇奢大有干系。

20 世纪 90 年代初，显赫一时的巨人集团在北京、深圳、上海、成都、西安、武汉、沈阳、香港成立了 8 家全资子公司，员工的人数增至 290 人，后来，又陆续在全国各地成立了 30 多家全资子公司。集团在一年之内推出中文手写电脑、中文笔记本电脑、巨人传真卡、巨人中文电子收款机、巨人钻石财务软件、巨人防病毒卡、巨人加密卡等产品。巨人因此实现销售额 300 亿元，利税 4600 万元，成为中国极具实力的计算机企业。

然而，巨人没有摆脱中国企业的奢侈魔咒，巨人集团完全没有节俭的观念，而且史玉柱还带头向豪奢进军，这种崇尚豪奢的观念直接导致他将巨人大厦从当初设计的 18 层一直拔高到了 70 层，投资也从 2 亿元涨到 12 亿元，1994 年 2 月破土动工，气魄越来越大。对于当时仅有 1 亿资产规模的巨人集团来说，单凭巨人集团的实力，根本无法承受这项浩大的工程。

为了摆脱困境，1994 年 8 月，史玉柱提出巨人集团第二次创业的总体构想。其总目标是：跳出电脑产业，走产业多元化的扩张之路，以发展寻求解决矛盾的出路。

1995年5月18日，巨人集团在全国发动促销电脑、保健品、药品的“三大战役”。霎时间，巨人集团以集中轰炸的方式，一次性推出电脑、保健品、药品三大系列的30个产品。巨人产品广告同时以整版篇幅跃然于全国各大报纸，广告费金额更是高得惊人。不到半年，巨人集团的子公司就从38个发展到228个，人员也从200人发展到2000人。多元化的快速发展使得巨人集团无力承担巨大的成本，自身的弊端一下子暴露无遗。1995年底，巨人集团面临着前所未有的严峻形势，财务状况进一步恶化。

但是为了巨人大厦这个“面子工程”，史玉柱丝毫没有想到危机来时的巨人会身临怎样的困境，最终，一意孤行的史玉柱，把生产和广告促销的资金一股脑地投入到巨人大厦上，造成生物工程一度停产，资金补给线中断，巨人集团的资金运作日益窘困。巨人集团终于被巨大的成本拖垮，并最终破产。巨人倒下，空留史玉柱的一腔浩叹。

在史玉柱心里，巨人集团也许是个挥之不去的梦魇。巨人的倒下不能不说与其奢靡摆阔爱面子的风气有关。

“节约光荣，浪费可耻”，奢侈浪费是可耻的行为，也是财富的天敌。只要有浪费存在，即使生意再兴隆，财源再广，也如漏斗积水积存不住，财富和利润终有一天会被浪费吞噬得干干净净！所以，在新时代里，节俭的意义已经不再是单纯的节省、节约了，它被赋予了更深一层的含义：最大限度地利用资源，尽可能地创造更多的价值，最大限度地减少浪费。

只有消除了浪费，从一度电、一粒米、一张纸处去节省才能真正有意义，不然的话，节俭的速度永远也不可能比上浪费的速度，节俭下来的还不如浪费的零头，那又有什么意义呢？

江苏省某民营电机企业，老板自筹资金修建厂房，厂房旁边有一条小河，为了控制成本，制订了严格的惩罚措施：如果谁损坏了机器设备，就罚1000元。但执行措施始终停留在手工操作状态，而且也没有见到应有的成果。几年过去，企业因发展而搬迁。临走之前，无意中抽干了旁边的小河，却发现了一个惊人的事实：很多电机组件丢在里面，几乎填满了河底。原来库房管理不严，职工把搞坏的零件都扔在河里了，粗略一算，损失居然达千万元之多。试想，仅仅是电机浪费就有一千多万元之巨，其他的浪费还有多少？如果这些浪费都没有发生，每一个员工都能尽职尽责而且为企业着想，那企业利润又会增加多少？

可见浪费多么可怕，浪费是利润的最大敌人，杜绝浪费就是创造利润，要节俭首先要杜绝浪费。如果每一个员工都坚决杜绝浪费，企业的效益肯定会提高很多，员工的效益也必然会增加了。

浪费是财富的大敌，也是每一个老板最为痛恨的行为。老板不论有多少钱，对看似细枝末节的小钱也还是会很计较的，对任何浪费行为都是绝不允许的。

4. 善于发现浪费，积极消灭浪费

很多企业的浪费都随处可见，比如长明灯、长流水，“跑、冒、滴、漏”，乱扔的零件什么的，这些都是极容易发现并且也极容易改正的浪费现象。只要稍稍有些责任心和节俭意识的员工都可以做到不浪费这些东西。更高难度的节俭是发现潜在的浪费，针对浪费提出改正的方法，做到真正意义上的消灭浪费。在工作中发现浪费并消灭浪费的方法，会给企业和自己带来更好的回报。

浪费无非就是两种：看得见的浪费和看不见的浪费。要发现看得见的浪费，需要平时工作更细心、多留意。看不见的浪费属于更深层次的浪费，则要多思考、多观察，需要提高洞察力和判断力。用心工作，多为企业想一想，站在企业的角度想问题，擦亮自己的“火眼金睛”，就能发现浪费，最终消灭浪费。

有一次，某电力部门想做一个10平方米的大屏幕。负责接洽这笔业务的小李到现场进行了具体的测量后，建议客户不要做10平方米的屏幕，8平方米的屏幕视觉效果更好。而且，8平方米的屏幕比10平方米的屏幕在价格上也更合算一些。如果做10平米的屏幕，其实就是浪费，根本没有必要。但是具体做屏幕的公司不愿意了，因为这样会让他们减少一些收入，并且对小李说，改成小号的8平米的效果不好，他们不负责任，但小李坚持要做8平米的，因为这样才不会浪费。

小李向领导汇报后，领导觉得他的想法很对，当即决定做8平米的，结果安装好后，8平方米的屏幕视觉效果恰到好处，领导非常满意，奖励了小李。

在企业中，浪费也不单纯地指浪费一张纸、一颗螺丝钉了，凡是不能创造出利润的一切活动，都是浪费。所以，深层次的节俭必须致力于杜绝生产上的一切浪费，也就是把生产过程中一切不能创造出利润的活动减少到最低程度，从而最大限度地降低成本、最大限度地利用资源。

事实上，浪费可能隐藏在各个小环节之中，要想把这些“深藏不露”的浪费“揪出来”，就必须做到精益求精，让节俭深入到每一个生产销售环节，深入到每一个员工心中，深入到企业的每一个角落。

在《财富》世界500强企业中，丰田的排名一直都名列前茅，其惊人的利润就来自它的生产、节俭方面的精益求精：在丰田公司，办公室的员工用过的纸从来不会随意扔掉，而是反过来继续做稿纸用，铅笔削短了后还要套一个套继续用，领一支新的也要“以旧换新”；机器设备如果还能达到标准，即使很陈旧也一样要继续使用。同时，公司还积极鼓励工人提出合理化的建议，几乎每天都有人在技术革新、小改革上下工夫，以此来降低企业的技术成本。

令人遗憾的是，在我们中国许多的员工并没有能够像丰田公司的员工一样在生产、节俭方面精益求精，总是认为做得已经差不多了。

山东某以农产品出口加工贸易为主业的集团公司的总裁突然收到了一封来自日本的邮件，里面有4根头发和一封信，信上说这4根头发是从贵公司加工的韭菜里拣出来的，为此将要求赔偿40万元人民币。

4根简单的头发也许是员工生产时无意落下的，也许是清洁工认为工作做得差不多了导致的……原因可能很多，但因此带给企业的损失是实实在在的。这个错误不管是谁犯下的，但责任却只能由企业和企业的所有员工来承担。

可见节俭其实来自于每一个细节上的节俭。这些细节恐怕企业永远数不完，也挖掘不完。所以千万不要觉得只有那些大环节才值得关注；相反，千千万万的小细节正在悄悄地制造着千千万万的小浪费，它们正躲在角落里等待着企业去发现呢。

就拿打印纸来说，按照一般的使用方法，打印纸打印一次后便会作为报废资源被送进垃圾箱里。如果建立一个“回收站”，把这些打印了一面的打印纸归拢起来，当我们打印一些不是很重要的文件或者内部资料的时候，便可利用它的背面进行打印。那么公司每年就可以节省出约一半的打印纸张费用了。

在这方面跨国公司爱普生公司的做法值得学习。爱普生公司的复印机旁，总放着厚厚几摞曾用过一面的回收纸，墙上贴着一张简短的说明，上面写了很多种再次利用这些纸张的办法，公司还在指定的地点放置了几个贴上标签的木头盒子，提示员工们将使用过的硒鼓、打印机墨盒、电池、塑料制品、纸盒分门别类地放到“回收站”里，每日都由后勤人员整理后，把这些可以回收利用的资源送往专门渠道进行再利用。这样的举措使爱普生公司节省了大量的办公资源，把大部分资金投入到生产和科研当中，让公司的竞争力稳步提高。

据统计，爱普生公司两年消耗的办公资源量，相当于同样规定的公司一年的消耗量。可想而知，小小的“回收站”的作用是无法估量的！

在很多跨国公司，通过发现不合理的浪费并竭力消灭这些浪费，达到节约成本的同时又能创造更多的价值被奉为值得推广的“业务楷模”。跨国公司的这些被证明的行之有效的做法，是值得中国企业借鉴的。

但是，还是有很多员工缺乏节俭意识，有的员工有节俭意识，但他们只对自己家的财物“抠门”，对于公司财物的损坏、浪费却熟视无睹，让公司白白遭受损失，自然也使公司的开支增大，成本提高。有的甚至趁公司领导不注意的时候，把公司的财物顺手牵羊，据为己有；有的在公司里肆无忌惮地用公司电话闲聊或煲电话粥；有的还会借着业务交往，趁机收受回扣，凡此种种，不一而足。但有一点是可以肯定的，那就是没有一个公司领导会喜欢这样的员工。如今，大势所趋，节俭必行，越来越多的企业提倡节俭精神，节约公司的每一分钱、每一分钟、每一张纸、每一度电、每一滴水、每一块煤、每一克料。只有浪费是可耻的，是每一个企业的老板都不能容忍的。

有一年，华为公司总裁任正非去新疆办事处视察工作，当时华为的新疆办事处主任刚从业务一线提拔起来，基于中国传统企业对高级领导“巡视”的重视，他特意租用了一辆加长的林肯牌轿车去机场迎接任正非，任正非刚下飞机，看到接他的是一辆豪华轿车，当时就非常气愤，上车后就把办事处主任臭骂了一顿。他认为租用这样的豪华轿车来机场接他纯属是极大的浪费，办事处的一般车辆就足够了，即使办事处车辆不够，他也完全可以坐出租车去办事处，接着任正非越说越生气，最后干脆指着那位主任的鼻子说：“再说你只要派司机来就可以了，为什么还要亲自来迎接？现在你应该呆的地方是客户的办公室，而不是坐在我的车里！”

要是明知是浪费还为之，这样的做法其实是一种更大的浪费。所有的老板都不会欣赏把企业的钱不当钱来花大手大脚的员工的，这样的员工注定没有前途。

所以，每一名员工都要以勤俭节约为荣、以铺张浪费为耻，克服“家大业大，浪费点儿没啥”的错误思想，克服大手大脚、挥霍浪费以及奢侈享乐的行为，真正把企业当成自己的企业，以主人的身份和意识来服务企业，发现浪费，并积极努力地去消灭浪费，才能从根本上彻底杜绝浪费。

养成勤俭节约、减少浪费的良好风气，对于企业与员工都很有好处。老板欣赏的优秀员工当然是那些能发现浪费并努力去消除浪费的人，而绝不可能是不懂节俭、挥霍浪费的人。

5. 精打细算，不要怕人说“抠门”和“小气”

生活中，我们大都认为“抠门”是与小气、吝啬、铁公鸡等能画上等号的词语，但是对于企业员工而言，能为企业抠门的员工，是处处为企业着想的员工，节俭的员工是老板最青睐、企业最欢迎的员工。企业不怕员工为企业抠门，怕的是不为企业抠门，大手大脚，浪费挥霍。

所有的老板，无论生活中的老板本人是多么大方豪爽，都喜欢能够为企业省钱的员工，而所有优秀的员工，也都会为企业着想，总是在工作中厉行节俭。所以，作为一名员工，要想得到老板的信赖和重用，就必须踏实认真地工作，处处为企业着想，事事为老板省钱。这样的员工，刚开始可能还不太被同事们理解，但久而久之，他们不仅是同事们的典范，还会引领和发起一种新的节俭的企业文化，让企业和员工都受用不尽，这样的员工，难道是小气的员工吗？这恰恰是大气，是为企业抠、为企业省、培养企业节俭文化的一种大气。

思科从总裁约翰·摩格里奇到最基层的员工，都是“抠门”的人，但他们都是在为企业抠门，为企业节俭，为企业省下每一分钱。一直以来，思科都很重视培养员工自觉地为企业节俭，告诉他们为企业节约就是在为自己节约，通过提高员工的节俭意识，来培养他们的节俭精神。思科从节俭中创下的惊人利润是每一个思科员工“抠”出来的，思科的员工为此感到骄傲，感到自豪，感到光荣。为企业节约不怕抠，怕的是不抠，那样才会带来浪费和损失，才是真正对企业小气。

花企业的钱，不怕“抠”，怕的恰恰是“不抠”。老板不会批评你花企业的钱太抠，员工更不要怕抠。也许有的员工会说“抠门节约是公司的事，是老板的事，我那么节约干什么？老板又不给我加薪”。是的，节约确实是公司自己的事，但作为公司的一员，个人的节约意识可以让公司多一个可以依赖的员工。可以说，每一个员工的行为对公司都有着最直接的影响。“不以善小而不为”，“众人拾柴火焰高”，每个人抠一丁点，累积起来就是“好大点”。一年下来，抠出来的这部分利润，也会很可观了。所以，花企业的钱，抠吧抠吧不是罪，多抠一点，企业的利润就增加一点。比尔·盖茨这样的大老板还抠门得很哩。

众所周知，微软公司的总裁比尔·盖茨是当今世界的巨富之一，他的个人净资产已经超过466亿美元。相当于简单地说，他6个月的资产就可以增加160亿美元，相当于每秒有2500美元的进账。然而，比尔·盖茨的成本意识和节俭精神比他的财富更令人惊诧。

比尔·盖茨一直以来都是一个非常注重节俭的人。创业初期，兼任微软总裁的魏兰德将自己的办公室装饰得非常豪华气派，比尔·盖茨看到后非常生气，他对魏兰德说：“微软还处在创业时期，如果形成这种浪费的作风，不利于微软的进一步发展。”

就在微软开始成为业界营业额最高的公司时，比尔·盖茨的这种作风也没有改变过。1987 年，有一次，比尔·盖茨与温布莱德在一家饭店约会，助理为他在该饭店订了套非常豪华的房间。比尔·盖茨一进门便惊呆了：一间大卧室、两间休息室、一间厨房，还有一间特大的、用于接见客人的会客厅。当时，比尔·盖茨简直气蒙了，禁不住骂道："是谁东西干的好事？"

还有一次，比尔·盖茨到台湾去演讲，他下飞机后就让随从人员去下榻的宾馆订了一个价格便宜的标准间。很多人得知此事后大感不解。有人当面向他提出了这个问题："您已是世界上最有钱的人了，为什么要订标准间呢？为什么不住总统套房呢？"

比尔·盖茨回答说："虽然我明天才离开台湾，今天要在宾馆里过夜，但我的约会已经排满了，真正能在宾馆的这间房间里待的时间可能只有两个小时，我又何必浪费钱去订总统套房呢？"

而且每次坐飞机，他通常都坐经济舱，没有特殊情况，他是绝不会坐头等舱的。即便是对方花钱为他买的头等舱，他也一样拒绝。

有一次，美国凤凰城举办电脑展示会，比尔·盖茨应邀出席。主办方事先给比尔·盖茨订了张头等机舱的票，比尔·盖茨知道后，没有同意他们的做法，然后硬是换成了经济舱。还有一次，比尔·盖茨要到欧洲召开展示会，他又一次让主办方将头等舱机票换成了经济舱机票。

一次比尔·盖茨和一位朋友同车前往希尔顿饭店去开会，由于去晚了，找不到停车位。他的朋友建议把车停到饭店的贵宾车位上。但是，作为世界首富的比尔·盖茨却不同意。他说："这可要花 12 美元，可不是个好价钱。"

"我来付。"他的朋友说。

“那可不是个好主意，这样太浪费了。”比尔·盖茨坚持不将汽车停放在贵宾车位上。

是比尔·盖茨小气、吝啬到已成为守财奴的地步了吗？当然不是，他深深地懂得花钱应像炒菜放盐一样恰到好处，该花的花，不该花的坚决不花。正是带头人有了这种节俭的精神，使得微软公司在激烈的市场竞争中更得心应手，在勤俭中创造出最大的利润。

有些员工总是认为钱是企业的，即使节省下来也装不到自己的腰包里，何必节俭呢。于是，他们在平时的工作中总是大手大脚，随意浪费原料，结果严重损害了企业的利益。有着这种思想，就是因为他们没有想到花企业的钱其实就是花自己的钱。

如果一个普通员工把自己当成企业老板，他的思想就会发生根本性的变化，他对待企业的心态、他的工作质量都会提升到一个更高层次。他会精打细算，珍惜工作中的一分一秒，拼命地为企业创造利润。别人浪费一分钱，他都会心疼，因为他的角色变了，他感到别人在为他工作，他自己也在为自己工作。

每一个员工都应该养成花企业的钱像花自己的钱一样，抠着用，紧着花，把企业当成自己的，抠出来的这部分也就有自己的份，就会随时随地想着如何厉行节约、降低成本、减少浪费，花每一分钱都像花自己的钱一样精打细算、斤斤计较，一样谨慎小气、抠门吝啬！

6. 积少成多，为企业节约每一滴水每一张纸

节俭是一名员工的基本素质，但是节俭并不是说要所有的员工都去考虑如何节省下几千元、几万元的大笔资金，这也是不太现实的。对于员工来说，节俭就在于点点滴滴之间，在于一张纸、一滴水、一度电里面。只要每天节约一点点，这里几元、那里几元，关注所有的细节小事，把节约的

心事花在这些小地方，那么加在一起可以成为很大的数目。比如对于一些易于磨损、易于消耗的办公用品，比如传真纸、复(写)印纸、打印纸、墨盒、碳粉、硒鼓、光盘、墨水、装订夹等，在使用的过程中，应该自觉地做到节约使用：没必要打印的不打，没必要使用的设备就不使用。

有些员工很不爱惜这些办公用品。比如在使用电脑方面，有时候打开的文件过多，电脑会反应很慢，有的员工就会很不耐烦：拍打主机箱，发泄气愤。可是电脑毕竟不是人，即使你威胁电脑要把它拍得稀烂，它也还是要按自身的程序运行……

企业在某种程度上就是一台制造利润的机器。制造利润无非是开源和节流，节流就是要"斤斤计较"。我们每个员工，作为这台"利润机器'"上的螺丝钉，养成斤斤计较、节俭办公的习惯是正常的，也是必要的。世界著名企业沃尔玛就是靠这样一点一滴成长为巨人型企业的。

大家都知道，沃尔玛是全球最大的零售企业，销售额也排在全球的前三名，并且每年都突飞猛进。在全球500强排名中，沃尔玛已经连续几年荣登榜首了。但似乎沃尔玛的节俭比它的庞大更出名。

沃尔玛创始人萨姆·沃尔顿所创立的"节俭文化"是沃尔玛企业文化的核心。沃尔顿从小学时起就半工半读，每天早晨上学前先挨家挨户送报纸和杂志，每送一份报刊赚5分到1角钱。沃尔顿的报童生涯长达十几年，他用自己挣的钱支付了中学和大学的全部费用。由于这一经历，他深知每一分钱都来之不易，从不乱花一分钱。他的弟弟巴德·沃尔顿与哥哥共同经历了艰苦的童年和创业历程；也共同走向富裕，这位身价不菲的弟弟兼合伙人曾经说过："当马路上有一便士硬币时，谁会把他拾起来？我敢打赌我会，我知道萨姆也会。"公司员工曾在萨姆·沃尔顿即将走过的路上扔下一枚硬币，看他会不会拾起——亿万富翁沃尔顿果然屈尊把它捡起。沃尔顿并不贪图一枚小钱，而是养成了珍视每一分钱的习惯，这种习惯根深蒂固，很难改变。

总裁以身作则，员工踊跃相随。沃尔玛对成本费用的认真节俭能用“抠门”来形容。在沃尔玛，从来也没有专业用的复印纸，都是废报告纸的背面，并且所有的复印纸必须双面使用，否则将受到处罚。在沃尔玛发生的一件事，足可以说明沃尔玛的节俭精神。一位新员工，在给顾客包装商品时，多用了半张包装纸，绳子包扎完后多剪了一段，这事恰巧被总裁看到了，他看见后讲了一番引人深思的话：“小伙子，我们卖的货是不赚钱的，只是赚一点节约下来的纸张和绳子钱。”

在沃尔玛，从营运总监到部门经理，随身携带的记事本都是用废报告纸裁成的，沃尔玛从来没有专门的复印纸和打印纸。在沃尔玛简朴，如大卖场的办公楼里，员工不止一次地被告知，出去开会要记住把公司发的笔带回来，因为笔是要以旧换新的。每逢销售旺季，从地区营运总监、各部门经理、主管，到一般文职人员都要投身销售一线，担当起搬运工、安装工、营业员和收银员等角色。沃尔玛的宣传广告也简朴得让人不可想象，仅仅是黑白两色的几张纸，彩页很少见，而且广告上的模特也是“肥水不流外人田”，大多是沃尔玛员工们的子女或亲戚。正是这种锱铢必较的“抠门”管理，让沃尔玛在短短40年内便“打遍天下无敌手”，成为全球500强状元企业。

沃尔玛的办公用纸都是双面使用的，沃尔玛不开“无人灯”，沃尔玛倡导节约用水，沃尔玛节约广告成本，甚至还会承担去工厂拉货的费用以节约厂方供货的成本……沃尔玛把多种节约下来的开支费用，与利润“捆绑”，从而有效降低了商品的费用，最直接惠及的便是众多的客户，使沃尔玛的客户量激增，收入大涨，利润当然也会随之增加。

沃尔玛就是这样从总裁到员工，以节俭为荣，以节俭为本，

让节俭之风越刮越浓，带来的效益当然也越来越大，终于成为世界企业之冠。

成功企业的经验充分说明，节俭是推动一个企业发展的最根本的动力之一。我们的企业与上述知名企业相比各方面还存在较大的差距，就更应该处处、时时、事事精打细算了。我们还有什么理由轻视一张纸、一个纸杯、一度电、一滴油，甚至一团棉丝呢！只有全体职工积极参与，从节约一张纸、一度电、一滴油、一块废料做起，大兴节俭之风，才能促进企业的发展壮大。关键是要有节俭的观念，节俭的意识，节俭的行动。

不管是一张纸、一滴水、一度电、一分钱，我们都要节约。不要认为这是"寒酸"、"小气"，是"吝啬"，不要把这当成一件小事而不屑一顾，这是一种光荣，这是一种精神，也是一种品质。作为企业员工，应该大力发扬这种精神，培养这种品质，在日常小事中开始节俭，从节约一张纸、一滴水、一度电开始节俭。平时必须用空调时，可根据电表校验规定的温度合理设定空调，下班前关闭空调；冬季不使用移动式采暖设备；白天应充分利用自然光照；合理使用电脑、校验台体等设备，不使用时应及时关闭其电源；杜绝"长流水"，加强水的循环利用和重复利用等。做到节约很简单，时时讲节约、事事讲节俭，从点滴做起，形成勤俭的好习惯。

古人云："强本而节用，则天下不贫。本荒而用侈，则天下不能使之富。"一人浪费一点儿，就是一个大大的数字，一人节约一点儿，日积月累，就会积累一笔巨大的财富！节俭是财富的源泉，是利润的发动机。应把节俭提到每一个员工的日常生活和工作当中，从节约一张纸、一滴水、一度电、一颗螺丝钉等等做起。每一位员工都能从点滴做起，从一张纸一度电一滴水做起，用显微镜看节约之事，用望远镜视节约之为，财富一定会滚滚而来，企业一定会兴旺发达。

7. 养成习惯，把节约作为自己的工作方式

节俭是一种可以养成的好习惯，对天生节俭的人来说，这个习惯给他带来的成功的机会要比别人多。而习惯了节俭的人，他知道时时注意节减开支和成本。在今天，竞争这么激烈的商业社会里，就算是在很小的地方去节省，积少成多，最后节省出来的东西也是可观的。

在商业竞争日趋激烈的当下，每一家企业都自觉或不自觉地把节约作为自己的追求。因为所有人都懂得，惟有节约，才能成为最后的赢家。

有两个年轻人，他们同时毕业于美国的一所名牌大学，同时寻找工作。

一枚硬币躺在人行道上，青年A看也不看地走了过去，青年B却激动地将它捡起。

青年A就有点儿看不起青年B：好没出息，一枚硬币也捡。

青年B就有点儿替青年A惋惜：是他先看到的啊，为什么不知珍惜？

很凑巧，两个人同时被一家公司录用。公司很小，工作很累，工资也很低，青年A不屑一顾地走了，而青年B却高兴地留了下来。

五年后，他们在街上偶然相逢，青年B已成了拥有近亿资产的老板，而青年A还在为寻找一份既体面又不让加班、待遇还得优厚的工作而奔波。

青年A对此不可理解，想："他这样一个没出息的人，怎么可能这么快就发达了呢？一定是碰到了贵人！"

不懂得珍惜小钱的人是不会有大钱的，当你对小钱不屑一顾，像绅士一般地潇洒迈过的时候，大钱也在同时和你说拜拜。

精打细算，虽然有点"抠门"但管用。世界上许多著名的公司都有这

种看似抠门的习惯。如上面提到的沃尔玛公司采集样品的窗口上，赫然写着“标签不可做它用”的提醒。在沃尔玛员工不止一次被告知：“出去开会，记得要把公司的笔带回来，因为笔是要以旧换新的，平常用的纸，记得要两面用完再丢弃，因为浪费实在可耻。”至今，沃尔玛的首席执行官李·斯科特开的还是一辆大众公司的甲壳虫车，而且为了省钱，在出差时他还跟人合住一个客房。

节俭的习惯会带来支配自己精神的力量。节俭的习惯可以表明一个人的自我控制能力，同时也可表明一个人不是其欲望和弱点的牺牲品，他能够支配自己的金钱，主宰自己的命运。

荷兰人的节俭是出了名的，荷兰人常常因此被人取笑。然而，荷兰人从不以“小气”为羞。荷兰人认为节俭是“福气”，还称自己是“守财奴”，在民间还有人组织了“守财奴俱乐部”，宣传“活到老、节俭到老”的人生哲学，并有专门的报纸介绍勤俭持家的良策。对荷兰人来说，小气是节俭的同义词，是一种美德，是一种境界，是一种对生活负责的态度。

据说，一名荷兰老人每周都要去看儿子，每次从儿子那里回来时，儿子都叮嘱他到家后要打个电话报平安。为了节省一点电话费，他想了个办法，他与儿子约定，电话铃响三声，不要接，那就是他已平安到家。有一次，儿子忘了约定，接了电话，结果被老人狠狠地训斥了一顿。

在荷兰家庭，目前最流行的要数“四少一多的生活原则”，即少进餐馆、少买衣服、少打电话、少往外跑、多待在家里。为了节俭，荷兰人还常常亲自动手做一些日常用品。多数荷兰家庭都自备了许多工具，以便能够制作日常用品。荷兰有句名言叫“用自己的手打自己的天下”，荷兰家庭除了房屋设计和盖房要请人帮忙外，余下的事情都自己动手，如房屋装修、厨房和卫生间的设计、施工等。此外，他们还自己修理家中的汽车、游艇、家用电器及下水管道等。荷兰人对能源很珍惜，如果家里没人却开着暖气，那简直就是一种“罪过”。他们也注意节约水、电，用完洗衣机便拧紧水龙头，一是省得机器锈蚀受损，二是免得漏水。他们对所有的资源都是能省则省，比方说有一个荷兰家庭就自己在马桶的水箱上加上一个过滤网，好把平时洗菜和洗衣服的水过滤后用来冲厕所。

这就是富裕的荷兰人的生活方式，以节俭为荣、以浪费为耻是荷兰人崇尚的生活准则。

事实上，不光是荷兰人，世界上许多发达国家的人民，如瑞士、英国、德国、美国的人民也都在身体力行地节约着。节俭已经成为一种风气、一种大趋势。

节俭是对生活负责，是对自己负责。节俭在很大程度上代表着成熟、稳重和理智。有一个节俭的生活方式，你的生活质量会更高。

对于员工而言，节俭不仅要作为一种生活方式，更要作为一种工作态度，要养成勤劳节俭的习惯才行，这样的员工才是老板最看重的员工。

积小成大，积少成多，每一个员工都养成勤俭的习惯，有勤俭的工作态度，时刻想着怎样才能为企业降低成本，减少浪费，使用企业财物时，尽可能地减少各种损耗；与客户谈判时，尽全力替企业压低各项成本；经营项目时，尽量做到用最少的投资，获取最大的经济效益，那将是多么大的一股力量，将会为企业增加多少的利润！

所以，不论是公司的员工还是老板，都应该树立节俭意识，提倡节俭办公的理念，能够时时想到为公司降低成本，提醒自己减少浪费，在工作中，养成为公司节省每一分钱、每一张纸、每一度电、每一滴水的好习惯，将节俭办公的理念落实到每天的具体工作中，从自我做起，从点滴开始，为公司的飞速发展和快速壮大贡献出自己的所有力量。

第八章　得体一点，你的职业形象能为你加分

你的职业形象决定你的职业命运——这决不是夸大其辞或是危言耸听，事实本来如此。一个着装得体、礼仪合度、举止端庄、精神清爽的人，绝对比一个形象邋遢、萎靡不振的人更受到客户的欢迎和老板的欣赏。所以，打造一个精明能干、成熟得体的职业形象，能为你的职场晋升加分。

1.老板不以貌取人,但会以形象取人

过去企业招人,老板多看重的是学历和能力,而现代社会中,职业形象已经成为老板更加看重的东西。因为从一个人的形象往往可以看出其生活态度、生活质量和个人素质、道德情操等,由此可以推测出其对事业的态度。

职业形象,是指职场中个人在公众面前树立的印象。它是通过衣着打扮、言谈举止、外貌形象所反映出个人的专业态度、技术和技能等。一个人的外在的表现,不仅是外界观察你的渠道,也是你借此向外界传达有关自己的内在信息的途径。你的世界观、你的工作态度和生活态度、你的心胸气度、你的人际和谐程度、你与环境的适应度……等等都会通过仪表表达出来,正因为此,职业形象才至关重要。职业形象包括多种因素:外表形象、知识结构、品德修养、沟通能力,等等。

职业形象是个人职业气质的符号,是从最外在的形象表现出的一个职业人士的知识、品位、道德修养以及职业能力的方式。正因为一个人所有内在的涵养都会通过外在的形象展示无遗,因而,职业形象就是一个职员给人的最直接的印象,是精明干练还是细心谨慎,是绵里藏针或是外强中干都可以从职业形象中窥见,所以职业形象对职业命运就有着至关重要的决定性作用。

如果说现代职场是一个以貌取人的时代,可能有很多人表示反对,但是,如果说一个人的职业形象会影响到他的职业生涯,估计有很多人都会举手赞成的。老板也许并不会以貌取人,但他绝对会以形象取人,因为你的形象代表了你的内在的潜质和气韵。

一名硕士毕业生接到了一家大型公司的面试通知,通知他星期日上午九点到公司所在地参加面试,并接受有关专业知识方面的考核。

这名硕士毕业生很是兴奋，因为这家公司是世界五百强公司里面最有实力的，能获得到这样公司工作的机会，简直太幸运了。

星期六的晚上，他的心里异常激动，原来的基础就好，这几天又这么努力，自己的专业知识肯定没问题，可是，每当他想到自己要和几十个和自己一样优秀的人才竞争，他的心里就十分不安。于是，他晚上翻来覆去也睡不着，爬起来又对过去的知识作了温习。最后，他觉得没什么问题了才和衣而睡。

也许是太疲劳了，第二天等醒来后已经快到面试时间了，他匆匆忙忙从床上爬起来，潦草地洗漱一番，衣服也来不及换就赶往面试地点。

等他到达的时候，正轮到他去面试。他深呼吸了一下，然后镇定地走进面试的房间。在面试的时候，有一个人和他一起。他们被问及专业知识的时候，回答得都很正确。可是，结果出来后，公司只录用了和他一起面试的那个小伙子。他心里感到很不平衡，于是就找到主考官问明缘由。

主考官说："你们两个人的专业知识不相上下，但是你的仪表不符合我们公司用人的标准。你的西服的纽扣系错了，领带也没有系好，你的头发又长又乱，更重要的是你的精神状态很不好。我们公司是一家大企业，也是一家讲究科学工作方式的企业，容不得一丝的马虎和不注重仪表的行为。"

这是典型的形象胜过能力的例子。有时候，能力固然重要，但能力的体现所需要的时间很长，不是一朝一夕就能发现的，而仪表却能给人最直观的印象，因此招聘者往往从个人的言谈举止和外貌着装等方面进行综合考察。如果你的仪表的某个细节不符合主考官的意愿和要求，那么面试成功的几率就很小了。

这似乎让许多没有经过求职考验的上一代人有些不可理解，但现代职场确实如此，职业形象已经成为决定职业命运的重要因素，不管男员工女员工，形象都至关重要。所以，塑造你的最佳职业形象是获得职场成功的重要途径。

2. 适度合宜，打造职业形象的“金规”

职业形象需要塑造，但是千万不要以为职业形象只是发型、衣着等外表的东西，现代意义的形象是包括仪容（外貌）、仪表（服饰、职业气质）以及仪态（言谈举止）、行为规范、专业形象等方面，其中最为讲究的是形象与职业、地位的匹配。一个好的职业形象，不光是把自己打扮成多么美丽、英俊，最主要的是要做到自身发型服饰、气质、言谈举止与职业、场合、地位以及性格相吻合。其中最重要的当然是要体现出你在职业领域的专业性，任何使你显得不够专业化的形象，都会让人认为你不适合你的职业。

同时，职业化形象也是你在自我思想、追求抱负、个人价值和人生观等方面与社会进行沟通并为之接受的方法。职业化形象是要体现出你在该职业领域的专业性。任何使你显得不够职业化的形象，都会让人认为你不适合你的职业。如果你想事业有成，首先你得让人看起来就有可能成为事业有成的人士。

职业形象要表现得专业，首先要在衣着上尽量穿得像这个行业的成功人士，宁愿保守也不能过于前卫时尚。另外最好事前了解该行业和企业的文化氛围，把握好特有的办公室色彩，谈吐和举止中要流露出与企业、职业相符合的气质；要注意衣服的整洁干净，特别要注意尺码适合；衣服的颜色要选择皮肤的中性色，注重现代感，得体大方。

职业形象要达到几个标准：与个人职业气质相契合、与个人年龄相契合、与办公室风格相契合、与工作特点相契合、与行业要求相契合。个人的举止更要在标准的基础上，在不同的场合采用不同的表现方式，在个人的装扮上也要做到在展现自我的同时尊重他人，还要顺眼，协调，得体。

良好的职业形象绝非一朝一夕就能养成，它必须经过精心的策划和长期的磨炼。当今时代是一个张扬个性、丰富多彩的时代，个人形象的设计不但要根据行业统一标准的基础而定，也要协调自我的喜好、兴趣。灵活掌握外在形象设计和内在涵养的修炼是人生的重要一课。

职业化形象塑造尤其要重视以下几点主要内容：

1.仪表仪态——符合行业特色、企业文化、办公环境、个人职位、个人特色等；

2.行为举止——规范得体；

3.待人接物——不卑不亢；

4.办公室礼仪——符合职场规范；

5.注重商务礼仪——对外树立企业形象；

6.塑造个人职业品牌——成熟稳重，诚信等。

职业化形象塑造的核心是构建个人职业品牌，树立个人在本职与岗位上的良好口碑！成熟稳重得体合度是职业形象塑造的关键，所以在日常工作中一定要注意表现出自身的成熟、端庄以及专业。衣着要得体洁净，妆容要整洁自然，等等。

3.彬彬有礼，周到的礼仪是通行职场的介绍信

职场礼仪，是指人们在职业场所中应当遵循的一系列礼仪规范。包括礼貌、礼节、规矩。可以理解为由于良好的教养或有关权威的规定在社交或正式场合遵守的规矩，对一定等级和场合要求遵守的礼节，传统的礼貌。

成功的职业生涯并不意味着你要才华横溢，更重要的是在工作中你要有一定的职场技巧，用一种恰当合理的方式与人沟通和交流，这样你才能在职场中赢得别人的尊重，才能在职场中获胜。如果失礼，必然对你的职场生涯有所影响，而且即使以后弥补也很难。听听一位公司财务经理

讲的心里话你就明白了：

> 我们公司的场地构造有点特殊，进门的玄关旁边有一个座位，因为我是财务经理，不用和他们项目组的同事坐在一起，所以玄关旁边的位子就是我的座位。我们前几个月新来了一个大学毕业生，每次进门首先看见我，招呼不打一声头也不点一个不说，还直瞪瞪看了我一眼就走进去了，我怀疑他可能以为我只是相当于前台的阿姨，所以如此不屑。后来过了几天，大概他终于搞清楚我并非什么接接电话、收收快递的阿姨，而是掌管他每个月工资的“财政大臣”，猛地一天就殷勤起来，一进门“刘老师”叫得响亮。可是，我心里的感受却不一样了，即使他现在对我再怎么尊敬，毕竟是有原因的，我对他也生不出什么好感来。我就很纳闷怎么一个堂堂大学生刚进社会就学会了势利？如果我真的是前台阿姨，是不是他这辈子都不打算跟我打招呼？新人刚进职场，礼貌很关键，人际关系一定要妥善处理，不能以貌取人或者想当然，要记得地位低下的员工同样也是前辈或者长辈，哪怕是打扫卫生的阿姨，如果正好清理到自己的纸篓什么的，请不要忘记说一声“谢谢”，就会平添自己很多的亲和力和人缘。刚刚毕业的大学生真的是要好好树立自己在公司的第一印象，这可不是闹着玩的。

在职场，礼仪是人际关系和谐发展的调节器，人们在交往时按礼仪规范去做，有助于加强人们之间互相尊重、建立友好合作的关系，缓和和避免不必要的矛盾和冲突。一般来说，人们受到尊重、礼遇、赞同和帮助就会产生吸引心理，形成友谊关系，反之会产生敌对，抵触，反感，甚至憎恶的心理。不要认为同事间朝夕相处，不用礼仪，更不能忽视了客户间的必要礼仪，这样都会给工作带来不必要的影响。

礼仪是企业形象、文化、员工修养素质的综合体现，只有符合应有的礼仪才能为企业在形象塑造、文化表达上提升到一个满意的地位。“每位员工都是企业形象的代言人”，企业形象又决定企业未来的发展。良好的职业形象是营销代表及客服代表维护企业形象的关键,只有通过严格、系统的专业礼仪训练,才能使员工在仪容、仪表、姿态、语言、表情等方面发生变化,真正体现出员工的个人素养,从而提升企业形象,达到顾客120%的满意度。

礼仪是企业获得市场形象,得到更多资源支持的一种态度。礼仪是帮助企业和企业中的个体对市场产生影响力的最有效的资源。每位企业员工都是企业形象的代表,员工的职场形象与职场礼仪直接影响到企业的形象,良好的职场礼仪不仅是个人最好的名片,还有可能是企业发展的契机。

日本的著名企业家松下幸之助从前不修边幅,企业也不注重形象,因此企业发展缓慢。一天,理发时,理发师不客气地批评他不注重仪表,说:“你是公司的代表,却这样不注重衣冠,别人会怎么想,连人都这样邋遢,他的公司会好吗?”从此松下幸之助一改过去的习惯,开始注意自己在公众面前的仪表仪态,生意也随之兴旺起来,现在,松下电器的种类产品享誉天下,这与松下幸之助长期率先垂范,要求员工懂礼貌、讲礼节是分不开的。

现代社会中,职场礼仪的重要性将日益凸现,它除了可体现个人的综合素质和修养,在全球化商务竞争中,也将成为企业形象的一部分而日益受到重视。东西方文明在文化上虽然存在着差异性,但是在现代职场,特别是外资企业中,对职场礼仪已经基本形成了一种共同的认识和行为规范,所以学习正规的职场礼仪是进入社会工作时要走好的一步。

礼仪具有很强的凝聚情感的作用。礼仪的重要功能是对人际关系的调解。在现代职场,人们的相互关系错综复杂,在平静中会突然发生冲突,甚至采取极端行为。礼仪有利于促使冲突各方保持冷静,缓解已经激化的矛盾。如果人们都能够自觉主动地遵守礼仪规范,按照礼仪规范约束自己,就容易使人际间感情得以沟通,建立起相互尊重、彼此信任、友好合作的关系,进而有利于各种事业的发展。

所以礼仪是企业形象、文化、员工修养素质的综合体现,只有符合应有的礼仪才能为企业在形象塑造、文化表达上提升到一个满意的地位，也为自己创造更多成功的机会。

一位先生要雇一个没带任何介绍信的小伙子到他的办公室做事，先生的朋友挺奇怪。先生说："其实，他带来了不止一封介绍信。你看，他在进门前先蹭掉脚上的泥土，进门后又先脱帽，随手关上了门，这说明他很懂礼貌，做事很仔细；当看到那位残疾老人时，他立即起身让座，这表明他心地善良，知道体贴别人；那本书是我故意放在地上的，所有的应试者都不屑一顾，只有他俯身捡起，放在桌上；当我和他交谈时，我发现他衣着整洁，头发梳得整整齐齐，指甲修得干干净净，谈吐温文尔雅，思维十分敏捷。怎么，难道你不认为这些小节是极好的介绍信吗？"

的确，俗话说"窥一斑而见全豹"，从细微小事里最能见出一个人的素质和水平，所以，身在职场，千万别以为形象只是个人问题，这可是关系到前途和发展的大事，不可忽视。端庄正派、得体大方的礼仪形象就是行走职场的最好名片、最好的介绍信，在哪里都能顺风顺水，一路好运，在哪里都能受到老板的看重。

4. 庄重得体，职业着装的基本规则

得体的穿着，不仅可以显得更加神采飞扬，还可以体现出一个现代文明人良好的修养和独到的品位。作为一个成功的职场人，必须掌握如下职业着装的基本原则：

场合原则：衣着要与场合协调。与顾客会谈、参加正式会议等，衣着应庄重考究；听音乐会或看芭蕾舞，则应按惯例着正装；出席正式宴会时，女性则应穿中国的传统旗袍或西方的长裙晚礼服，男性着装也应尽量庄重；而在朋友聚会、郊游等场合，着装应轻便舒适。试想一下，如果大家都穿便装，你却穿礼服就有欠轻松；同样的，如果以便装出席正式宴会，不但

是对宴会主人的不尊重，也会令自己颇觉尴尬。

时间原则：不同时段的着装规则对女士尤其重要。男士有一套质地上乘的深色西装或中山装足以包打天下，而女士的着装则要随时间而变换。白天工作时，女士应穿着正式套装，以体现专业性；晚上出席鸡尾酒会就须多加一些修饰，如换一双高跟鞋，戴上有光泽的佩饰，围一条漂亮的丝巾；服装的选择还要适合季节气候特点，保持与潮流大势同步。

地点原则：在自己家里接待客人，可以穿着舒适但整洁的休闲服；如果是去公司或单位拜访，穿职业套装会显得专业；外出时要顾及当地的传统和风俗习惯，如去教堂或寺庙等场所，不能穿过露或过短的服装。

整洁平整：服装并非一定要高档华贵，但须保持清洁，并熨烫平整，穿起来就能大方得体，显得精神焕发。整洁并不完全为了自己，更是尊重他人的需要，这是良好仪态的第一要务。

色彩技巧：不同色彩会给人不同的感受，如深色或冷色调的服装让人产生视觉上的收缩感，显得庄重严肃；而浅色或暖色调的服装会有扩张感，使人显得轻松活泼。因此，可以根据不同需要进行选择和搭配。

配套齐全：除了主体衣服之外，鞋袜手套等的搭配也要多加考究。如袜子以透明近似肤色或与服装颜色协调为好，带有大花纹的袜子不能登大雅之堂。正式、庄重的场合不宜穿凉鞋或靴子，黑色皮鞋是适用最广的，可以和任何服装相配。

饰物点缀：巧妙地佩戴饰品能够起到画龙点睛的作用，给女士们增添色彩。但是佩戴的饰品不宜过多，否则会分散对方的注意力。佩戴饰品时，应尽量选择同一色系。佩戴首饰最关键的就是要与你的整体服饰搭配统一。

对于女性职员而言，整洁、美观、得体是着装的基本礼仪规范。具体来说，即要与自身形象相和谐，与出入场所相和谐，与着衣色彩相和谐。

衣着与自身形象的和谐：这里指的自身形象有两层含义，一是指所从事工作的职业形象；二是指自身的身材、长相。由于职业女性的职业特性的要求，在着装方面，职业女性应表现出稳重、大方、干练、富有涵养的女性形象。

衣着与出入场所的和谐：不同的场合有不同的气氛，在社交场合的穿着大致分为礼服和民族服装。

便服主要是在一般场合，日常交往中的穿戴相对可以随意些。各式的短衣、衬衫、皮衣等都可以。在一些特定的场合，日常交往中的穿戴应遵守下列礼仪常规：

办公室着装：作为职业女性，大多时间是在办公室度过的，办公室工作要整齐、稳重、大方、上班时不能穿短裤、运动服，在办公室更不能穿超短裙。

宴会时着装：通常女性出席这类较为隆重、正规的场合，着装应讲究，可穿戴套裙或旗袍，颜色以文雅艳丽为宜。

会见、访问时着装：可穿套装、也可穿色彩、图案活泼一些的服装，如花格呢、粗条纹、淡色的服装等等都适宜。

衣着与色彩的搭配：每个人都有属于自己的色彩，这种色彩能使人的肌肤散发的光彩更完美，显得更洁白干净，使气色看起来明朗，从而使人的整体形象更加亮丽，更加富有朝气，这种颜色就是我们所说的标准色。

如果没有适当的装扮和得体的衣着做陪衬，没有一个合度的职业形象，作为一个女性职员，即使再有能力，也不可能有大的成就。

数学女博士韩杰在英国的一家投资银行做数量分析员已经八年了，她的同事鲍勃这样描述她："自从我第一次见到她，她就穿着那件看起来质量不高的黑色西装夹克，衣服上还留有一点印记，仿佛是喂孩子时留下来的，她的头发也不是认真梳理过的样子，脸上更是从来也没有修饰，她好像从来没有意识到自己是个女人。在这个十分注重外表的银行中，尤其是在精心修饰、衣着突出的英国同事中，她显得就像个毫不起眼的清洁工。"八年的时光，她的外表没有任何的改善，至今她依然在八年前的位置上舒适地停留着。遗憾的是，因为尊重韩杰的自尊心和私人空间，鲍勃却无法告诉她这个血淋淋的现实——不是因为能力、性

格或是其他的什么，只不过因为她没有打造一个好的职业形象。

形象设计大师莫利先生在进行了30年的调查和统计中发现了一条导致女人失败的致命真理："穿着不当和不懂得穿衣的女人永远不能上升到管理阶层！研究证明，穿着得体虽然不是保证女人成功的唯一因素，但是，穿着不当却保证一个女人事业的失败！

特别要提醒的是，性感的打扮并不适合职场。有些职业女性不注重自己的身份，爱穿性感的服饰，殊不知这样不仅不会表现你的美和性感，还会让你的智慧和才能被埋没，甚至还会被看成轻浮。职场上的打扮是绝对不适合走性感路线的，这一点职场女性一定要警觉。

在哈里法克斯银行工作了15年的妮娜是个英国和牙买加的混血儿，她拥有一个女人梦想的体形，极其性感的三围，还有迷人的、热情友好的性格，她在交易层上有非常良好的人缘，更重要的是，妮娜对工作兢兢业业，深受同事的喜爱和欢迎。

今年已经39岁的妮娜非常知道自己所拥有女人的"特殊武器"，她无时无刻不在上班时展示自己的性感魅力。每天她都会穿着更加突出自己性感的衣服，紧身的黑裤子紧紧地裹住高翘的、宽大的臀部，弹性的紧身衣勉强罩住突出的胸部，她扭动着性感的腰身，婀娜多姿、坦然地走进哈里法克斯银行的大门。自从大学毕业后15年来，她就这样进进出出这个银行的大门。当年的同事都早已升迁或者跳槽到了其他银行，妮娜至今仍然在自己进来时的位置上，是个产品控制助理员，没有任何上升的趋向。在这个银行工作了15年的经验没有为她的职业生涯增加任何有价值的背景，她向猎头公司送去的简历毫无音信，要进入40岁的妮娜只好在这个不给自己任何机会的银行和这个毫无希望的助理位置上混下去了。

为什么一个有魅力、受人欢迎、工作能力并不差的女人15年都走不到管理的位置上？妮娜所在的部门经理麦克虽然对她的工作能力毫无不满，而且还颇为欣赏，但是，他却从来没有提升妮娜的任何意图，而两年前来到这个部门的新手都已经变成了妮娜的项目经理。无论麦克多么繁忙,他都不让妮娜代表自己的部门去参加任何会议,而宁愿让刚毕业半年的托尼代替。麦克说:“我无法看到当她代表我的部门时,我们能够得到别人的尊重。她的性感会吸引太多的注意力,而这并不是我们期望的、积极的注意力。我无法想象,她这样的穿着如何能够坐在经理的办公桌后面。”妮娜的性感让她付出的是15年来事业停滞不前的代价。

对于男性员工而言,庄重大方是着装的要点。

社会对于男性在形象上总是宽容得多,远远没有像要求女性那样那么苛刻和挑剔。但是现代职场,职业形象的好坏对于职业前途的影响规律也照样适用于男性,因而,男性职员对于自己的形象礼仪也不可忽视。

俗话说三分相貌,七分打扮。对于男职员来说,尤显突出。你只要穿着得体大方,并融入个性特征,一定能凸现品味和自信,让您倍具亲和力并感染身边同事和伙伴,也一定能让您在职场中大展拳脚。只要你足够自信,身高和体型都不再是问题。

虽然这是一个标榜个性的时代,人们在穿着上有着更大的自由度,但作为男性员工,一些约定俗成的穿着规则仍是需要遵守的,除非你是极具审美情趣和想象力,又善于搭配者;否则,请务必在以下一些细节上遵守旧有规则。

1. 除特殊场合外,裸露是失仪的

与女性相反,作为男士,在出席正式场合时,除头和双手外,应尽可能少露出肌肤,不要让别人“一览无余”地看到自己。否则,易给人轻浮粗俗之感,健美体格还是留在泳场、海滩和健身房中去展示吧。

2. 紧身衣有时和裸露是同义词

一位作家曾尖锐地指出:男式时装史上最可悲的一页是发明了紧身衣。紧身衣发展至今虽然更舒展、更具修身效果,但它的最佳用途还是作为内衣,配衬时装,来达到保暖和删繁就简的功能。

3. 纯白的西服套装应视场合穿着

除非你体态骄人，风度翩翩，有从容驾驭这类抢眼打扮的自信，否则只可在非洲或撒哈拉沙漠等地穿着。在众多正式场合，人们都穿着深色的服饰以示沉稳，纯白的醒目刺眼会显得滑稽和尴尬。当然，在婚礼上或运动场合，全身白色的打扮依然是得体和帅气的。

4. 领带系得过长或过短均有碍观瞻

过短压不住衬衫，仿佛脖子上套了根绞索，又好像大人系了根孩子的领带；过长则易左右晃荡，显得不稳重。领带的长度应以领带尖下垂触及裤带扣为宜，身材过高或过矮的男士，不妨定制与自己合适的领带，以防因领带长短失当而贻笑大方。

5. 口袋中不要放置过多的物品

我们常见男士胸前口袋中放着烟、甚至笔和名片夹，胀得鼓鼓的，却又系着领带，这种打扮注定是一辈子小职员的命运，上衣口袋以及西裤的口袋尽量少放物品，才显得干净利落，风度翩翩。

6. 颜色和质料忌过度年轻化

成功男士的打扮不能盲目追求潮流。目前一些花哨的颜色和廉价的化纤料子又流行起来，偶尔在休闲场合穿着无妨。在办公场合，不妨穿清一色的正式服装，质料贵重些，式样甚至老些也会给人沉稳干练之感。过分年轻化，只会减损你的威信。

7. 不刻意地用香水

干净的发香味、浴身气息是男子的最佳香身术。不要刻意洒香水，可以在洗衣服时用点香水，经阳光照射，变淡了的香气更适合身份，更好闻。勤洗发的发香、勤洗浴的浴身气息无疑是最具魅力的男儿气香。

8. 饰品简而精

高档的整体衣饰搭配才可配少许的饰品，过多的饰品如同调料过多给人难以下咽的感觉，难以入眼。如果穿着朴实，最好不戴饰品，就连皮包也应选与衣饰相配的品种，比如一种尼龙编织的轻便式，可与普通衣着匹配。

9. **鞋应无时无刻保持光洁**

鞋虽是男儿脚下物，却最显身价。随时保持亮度和光洁，是你衣着品味的标志。

当然职业装是穿在自己身上的，穿出自己的个性和品味很重要。如条件允许，建议自己挑选面料和款式量身定制西装和衬衫，才算真正穿出本我！因为每个人都是世界上独一无二的人！

5. 优雅大方，行为举止不“跌份儿”的秘诀

举止是指人的动作和表情。日常生活中人的一举手一投足，一颦一笑，都可概括为举止。

举止是一种不说话的“语言”，能在很大程度上反映一个人的素质、受教育的程度及能够被别人信任的程度。行为举止体现着一个人的修养和风度，在职场中的行为举止粗俗，会使一个人失去亲和力，而稳重大方则会受到人们的普遍欢迎。在社会交往中，一个人的行为既体现他的道德修养、文化水平，又能表现出他与别人交往是否有诚意，更关系到一个人形象的塑造，甚至会影响国家民族的形象。冰冷生硬、懒散懈怠、矫揉造作的行为，无疑有损于良好的形象。相反，从容潇洒的动作，给人以清新明快的感觉；端庄含蓄的行为，给人以深沉稳健的印象；坦率的微笑，则使人赏心悦目。因此，我们在交往中应该使自己成为举止优雅、行为大方的人。这样不仅使自己的形象大大提升，也会使老板对你的印象和评价大为不同，老板也会给你更多的处理企业事务的机会。

如果一个员工，就算相貌堂堂，着装优雅，但却举止粗鲁，肯定让人大倒胃口的，如果这样的员工去谈生意，肯定没有好结果。不仅生意可能因此而谈不成，被客户瞧不起，老板也会觉得你让他“跌份儿”，从此不想再带你出去，也不会再给你处理公司大事情的机会，那你的职业生涯也就前途不大了。听听一家跨国公司项目主管郝先生的肺腑之言就会明白这样

的道理：

> 我带的那个小伙子过了三个月试用期后，我们基本对他还是挺满意的。之后正逢一个挺大的项目紧跟而来，公司里人手有点紧，于是我想不如让他锻炼锻炼，见见大客户，也好上手快一点。虽然这一举动有点冒险，但通过几个月的观察考核，我当时还是相信他可以做好的。没想到，一顿饭的工夫，我就发现这次让这小伙跟我真是冒失之举了。平时看他挺注意形象的，每天来上班干干净净，做事情稳稳妥妥，遇到紧急关头也没有气急败坏，可是关键时刻却失了足。那天去见重要客户，上了一家很高级的餐厅，其实是我们经常去的地方，但是对于他来说可能是第一次经历这样高级的场所。大家点的都是牛排之类的西餐，我猜想他大概也没接受过什么正规的西餐礼仪的培训，饭桌上除了使用刀叉很笨拙之外，吃相也越来越难看。本身和客户吃饭，主要目的是为了联络感情、拉拢生意，又不是真让你去大饱口福的。后来，不知道是不是他吃相的关系，客户给我们下的订单少了将近30％。尽管不能一棒子打死说是他的原因，但是这样的手下带出去真的叫人在一旁擦汗啊。无论如何，在进入社会之前职场礼仪还是多多少少应该了解一下的。

一个男职员尚且因为难看的吃相而让客户对公司的信心大减，如果是一个对举止礼仪要求更高的女性职员，那估计客户可能会连饭也吃不下去了，生意肯定也会损失了。所以，不管是男员工女员工，对于举止这一课也不能有小觑之意。如果心里还没有底，就赶快学习吧。

在职场中的行为举止具体说来，以下几点值得注意：

在职场中要动有动态。走动时应当身体直立，两眼平视前方，两腿有节奏地交替向前迈步，并大致走在一条等宽的直线上。两臂在身体两侧自然摆动，摆动幅度不要过大。脚步声应控制，不要两脚擦地拖行。如果走路时身体有前俯、后仰或左右摇晃的习惯，或者两个脚尖同时向里侧或外侧呈八字形走步，是不规范、不雅观的举止。

在职场中要“站有站相”。站立时身形应当正直，头、颈、身躯和双腿应与地面垂直，两肩相平，两臂和手在身体两侧身然下垂，两眼平视正前方，嘴自然闭合：双脚对齐，脚尖分开的距离以不超过一脚为宜，如果叉得太开是不雅观的。不应把手插在裤袋里或交叉在胸前。

在职场中要“坐有坐相”。坐姿要端正。坐在主考人员指定的座位上，不要挪动已经安排好的椅子的位置。在身后没有任何依靠时上身应正直稍向前倾(这样既可发声响亮、中气足，令人觉得你有朝气，又可表现出你对主考人感兴趣、尊敬)，头平正，目光平视；两膝并拢，两臂贴身自然下垂，两手随意放在自己腿上，两脚自然着地。背后有依靠时，也不能随意地把头向后仰靠，显得很懒散的样子。就座以后，不能两边摇晃，或者一条腿放在另一条腿上。双腿要自然并拢，不宜把腿分得很开，女性尤宜注意。

在职场中“手势宜少不宜多”。多余的手势，会给人留下装腔作势、缺乏涵养的感觉。反复摆弄自己的手指，要么活动关节，要么捻响，要么攥着拳头，或是手指动来动去，往往会给人一种无聊的感觉，让人难以接受。在交际活动时，有些手势会让人反感，严重影响形象。比如当众搔头皮、掏耳朵、抠鼻子、咬指甲、手指在桌上乱写乱画等。

在职场中要避免一些不必要的小动作。身体各部分的小动作往往令主考人分心，甚至令其反感。下面这些动作都是要不得的：玩弄衣带、发辫、打火机、香烟盒、笔、纸片、手帕等分散注意力的物品，玩手指头，抠指甲，抓头发，挠头皮，抠鼻孔，翘起二郎腿乱抖，用脚敲踏地面，双手托下巴，说话时用手掩着口，摇摆小腿、摆弄手指等。不要与他人拉手，勾肩搭背，不要以任何借口奔跑，跳跃。因工作需要必须超越他人时，要礼貌致敬，说声“对不起”。尽量靠右走，不走中间，与上司宾客相遇时，要点头敬礼示意。

6. 修炼自我，打造自己的完美职业形象

职业形象能为自己加分，你的形象能让你的职业更好，那还有什么理由不好好打造自己的职业形象呢？

其实完美的职业形象不仅仅是仪表、仪容、着装、行止，还有员工自身的修养和素质的体现。忠诚、敬业、负责、主动、服从、合作、创新……都是职业形象的一部分。所以，要打造自己的完美形象，仅仅是外表的修饰是远远不够的，必须由内而外，全面升级才行。

在打造完美的职业形象，首先要修炼自己忠诚敬业的品格，认真负责的态度，服从执行的心态，开拓创新的精神……

其次，要修炼自己的人格魅力。几年前，央视国际刊登了一则《调查：八成中国公众认为个人魅力对职业意义重大》的新闻。新闻中写道：零点研究咨询集团旗下的前进策略调查公司日前发布的《中国人魅力现状调查报告》显示，八成公众承认提升个人魅力对职业发展非常重要。零点研究咨询集团冯唏博士说，魅力是由内而外散发出来的吸引人的气质，对于职场生活的重要性可见一斑。

拥有个人魅力就能提高影响别人的能力。许多人说过，要是有一位富有个人魅力的经理，“我会以我的职业生涯作赌注，一心一意为他工作”。那么，什么是个人魅力呢？魅力是给他人的一种心理感受，这种感受是对外界刺激的心理反应，是自己的行为在对方的内心激发起美好的反应，也就是满足人们的某些心理需要，这就是魅力之源。

可以说，职场中的每个人都希望自己是有魅力的人，那么怎样修炼自己的魅力呢？下面提供几点建议，希望能给你带来帮助：

1. 学会寒暄。寒暄是一种常用的交谈话语。两人一见面，简单的寒暄能满足人们的亲和需求。你可以随意谈论一下今天的天气，或赞美一下对方的衣服等。简短的话语，使双方很容易切入后面的话题。

2. 巧用手势。研究证明，人们更容易记忆自己亲眼看到的动作，而对

听到的声音则因情、因境、因人各有不同,所以,在说话时巧妙地使用手势,更容易给对方留下深刻的印象。手势语言,可以使所说的话给人以立体感、形象感,帮助对方理解所说内容;可以强化所要表达的感情,激起对方的共鸣;可以传达有声语言所不能很好传达的微妙感情。

3.学会微笑。微笑是一种温馨、亲切的面部表情,能有效地缩短双方的距离,给对方留下美好的心理感受,从而形成融洽的交往氛围。面对不同的场合、不同的情况,如果能用微笑来接纳对方,可以反映出本人良好的修养。

4.注意目光,在与人交谈时,不要紧盯着对方,这样会给人咄咄逼人的感觉;也不要不停地眨眼或不住地向其他方向看,这样会让人觉得你根本没有认真听,是没有礼貌的表现。交谈时应当自然地注视。

5.经常使用"谢谢"、"对不起"、"请"等最基本的礼貌用语。个人魅力实际上是非权力领导力的升华,个人魅力作用在各方面都会增强非权力领导力,能把别人牢牢地吸引在自己身边。一个优秀的员工必然是一个充满魅力的人。

遵守职业道德,恪守职业精神,也是一个人完美职业形象的重要方面。这些隐性的、潜藏的形象比外在的形象更能深刻地影响到你的职业生涯。所以,要打造自己的完美职业形象,切不可忘记自己的个人操守,恪守职业道德。

《庄子·外篇·胠箧》里有这样一个故事:

跖之徒问与跖曰:盗亦有道乎?跖曰:何适而无有道耶?夫妄意室中之藏,圣也;入先,勇也;出后,义也;知可否,智也;分均,仁也。五者不备而能成大盗者,天下未之有也。

用现在的话说就是:有一个叫盗跖的大盗,他的徒弟问他说:"做大盗也有原则吗?"盗跖说:"当然哪,无论做什么事情都有原则。做大盗怎能没有原则呢?凭空能猜出屋里储藏着多少财物,这就是圣;带头先进入屋里,就是勇;最后退出屋子,就是义;酌情判断能否动手,就是智;分赃均匀,就是仁。不具备这五种素质而成为大盗是不可能的。”这就是成语“盗亦有道”的出处。

土匪强盗凶神恶煞,照一般人看来,只管抢劫,哪管你什么职业道德。殊不知在他们中间也有行规,例如兔子不吃窝边草,不伤人性命,不抢带小孩的妇女等等。20 世纪 20 年代因打劫列车,扣押外国人为人质而震惊中外的山东大盗孙美瑶,把人质掳上山后并不是人人俱抢人人俱绑,而是一一进行甄别,小商小贩和不满五十亩地小地主一律放回,绑的只是那些大富大贵、不识稻粟、不懂劳作的“寄生虫”。

任何一种职业都有自己的职业道德,每个行业,都有自己的行业规则,都有自己的一种职业道德。“盗亦有道”,算得上是给职业道德下了一个最醒目的注脚——盗都有自己的职业道德,有自己的基本素质要求,遑论其他?

如果一个人没有基本的职业道德,就算他有很高的职业能力,可能也会为企业带来效益,但最终是不可信任的,是会损害到企业利益的。因此企业在选人用人时,必然注重思想素质要求,并时时进行职业道德的教育和监督检查,避免道德失范以致沦为犯罪。

小兔子三瓣长大了,要去建造自己的小窝了。离家之前,兔妈妈反复叮嘱:“无论如何,都不要吃窝边的草。”三瓣在山坡上建造了自己的家。为安全起见,它的家有三个洞口。三瓣牢记母亲的叮咛,总是到离洞口很远的地方去吃草。秋天过去了,一切安然无恙。

这一天刮着很冷的西北风,三瓣走出洞口时不禁打了个冷颤,它实在不想顶着大风到很远的地方觅食。“我只吃一点,明天天气好了,我就出去觅食。”三瓣安慰着自己,把肚子吃得滚圆。

过了几天,下起了大雪,三瓣又在家门口填饱了肚子,不过这一回,它换了一个洞口。“我有三个洞口,每个洞口都有很多草。我不过是在天气不好的时候,在每个洞口吃一点点草而已。”于是,在每一个恶劣的天气,三瓣都找到了一个解决吃饭问题的捷径。

一天，睡梦中的三瓣突然觉得异样。它睁开眼睛，发现一只狼堵在它的家门口，正试图把洞口挖开。三瓣连忙跑向别的洞口，却惊讶地发现，另外两个洞口已经被岩石牢牢堵住了！“从你第一次吃窝边草，我就知道这里有只兔子，可我知道狡兔三窟，摸不清另两个洞口的位置，不好下手。”看着到口的美食，狼得意地说。直到这时候，三瓣才领悟到母亲的教诲是多么正确！

兔子不吃窝边草，不是窝边的草不好，而是窝边草重要。兔子三瓣的结局确实让人感到遗憾，但是却不能博得我们的同情。在企业里面，员工做好自己的本职工作是理所当然的事，但是违背企业的经营方式，违反职业道德，擅自按照自己的主观意向行事，为企业带来损害，不仅仅使公司的利益受损，对员工自身利益也将造成极大的冲击。

职业道德是职场的最高信仰，是职场的基本规范，是我们的立身之本立业之要，千万不可以亵渎，更不可违反不可丧失，而是要像维护生命一样来维护来奉行来坚守，不然，我们就失去了我们的根本。

我们每一个人都必须在一定的职业中工作生活，职业不仅是员工谋生的手段，也是自我的需要，一个人的职业生涯几乎就是他的人生，而没有职业道德的人是不可能干好任何工作，也不可能得到老板的信任和重用的，当然也就不可能取得成功。

一个具有良好职业道德的人，也一定是一个人格高尚、忠诚可信的人，这就是老板欣赏和信任的人，这样的人一定会有所成就的。良好的职业道德精神和规范会自觉地调整我们人与人之间的关系，人和岗位的关系，岗位和团体、团体和受众的关系。这样就会按照自己信奉的职业理想、职业道德、职业精神来追求实践，这会把我们塑造成为一个具有无私的团队精神、认真而忠于职守、谦虚大度而不乏热情的员工，这不仅能让你在工作中如鱼得水，游刃有余，还会形成一种无穷的人格魅力，拥有完美的职业形象，出类拔萃，成绩辉煌，成为让客户欣赏、同事赞赏、老板重赏的员工。

第九章　注意一点，别让坏习惯毁了你

习惯的力量顽固而强大，好习惯坏习惯都是。良好的习惯对于工作和生活都大有裨益，可以成为你前进的助力器；而一些看似无伤大雅、无关紧要的坏习惯，比如发牢骚、做事拖拉却往往最能毁掉一个人的机会和前程。所以，注意一点，养成好习惯，改掉坏习惯，才能让自己一路顺风，直上青云。

1. 不要抱怨，抱怨不如改变

抱怨是一种致命的消极心态，一种杀伤力很强的恶习。

抱怨，就像一种慢性腐蚀剂。经常抱怨的人会变得消极，不思进取，既影响自己的心情，也影响人际关系，更阻碍自己的事业发展。

抱怨，还会让人陷入可悲的恶性循环之中：越是觉得自己"不幸"，越是觉得环境"不公平"，自己就真的会对一切人事都感到无能为力，从而让更多的"糟糕"和"麻烦"找上自己，体现在现实中，自己也就会越来越没有自信，越来越自暴自弃，甚至越来越小肚鸡肠，心理阴暗，见不得别人的成功与幸福。

一个人一旦养成抱怨的恶习，他的人生就会暗无天日，烦恼无比，他的热情会被消磨，他的意志会被侵蚀，他的精神也会被抱怨这个魔鬼吞噬。一个喜欢抱怨的人，也必定是一个缺乏责任心的人、喜欢找借口的人。抱怨，如同职场中一位可怕的隐形"杀手"，它让很多人失去了进步的动力和能力。所以，不要抱怨，抱怨对于你的处境不会有任何益处，反而会毁了你的人生。

英国纽卡斯尔市有一个叫谢丽尔·戴维森的女孩，尽管她长得如花似玉、相貌秀美，可却总是抱怨自己没有那些因貌美而享誉国际影坛的巨星漂亮。总认为自己是一个"丑八怪"。为此，她经常躲在家中，不愿意出门。

如果非要出门，谢丽尔就要坐在镜子前对自己的脸频频化妆，往脸上抹上厚厚的粉底。可每当她化好一遍妆，对着镜子仔细检查自己的容貌时，又会讨厌镜中的自己。于是她又洗掉脸上的妆，重新化。有时候，她要反复化上十几遍妆，才敢鼓起勇气走出家门。

由于害怕别人嘲笑自己的“丑陋容貌”，谢丽尔甚至拒绝到学校上学。她整天将自己锁在卧室中，躺在床上默默流泪，并且一天只肯吃一块烤面包。父母带她去看心理医生，医生给她开了一些抗抑郁药。这些药对她毫无效果，谢丽尔仍然讨厌自己的模样，抱怨自己为什么不漂亮，尽管事实上她长相可人。

这个例子看起来有些不可思议，然而又是真实存在的事实。抱怨生活、抱怨困境、抱怨工作、抱怨婚姻只会让自己的心境更加恶劣，生活更加糟糕。谁抱怨，谁受伤，谁抱怨，谁一无所有，除此之外，不会再有什么其他结果。

一家汽车修理场新招了10名汽车修理工，其中一个就是杨俊。他从进厂的第一天起就开始喋喋不休地抱怨，说什么“干这行太脏，瞧瞧这身上弄的”，什么“真累啊，这简直不是人干的活”……

杨俊每天都在抱怨和不满中度过。他认为自己就像奴隶社会的奴隶一样靠出卖苦力在维持生计，认为他的人生就是在忍受煎熬。基于内心有这样的想法，他每时每刻都窥视着师傅的行动与眼神，只要稍有机会，他就会偷懒耍滑，应付工作。

转眼一年过去了，与杨俊一同进厂的几个工友都各自凭借自己出色的手艺得到了重用，有几个还被送进大学进行了深造，而唯独杨俊，在他的怨声载道中，因为对客户的车维修不到位，致使修理厂蒙受损失，最终被解雇了。

可见，抱怨的最大受害者是自己。抱怨的人颓废萎靡、消极怠工、偷奸耍滑、懒散懈怠，他们很少积极想办法解决问题，也从来不会意识到主动独立地完成工作、提升自己的能力，却始终将诉苦、抱怨视为理所应当。这类人除了把大好的青春和大把的精力浪费在无所事事、岁月蹉跎中之外，注定将一无所获。

抱怨不能使我们挣钱更多，也不能使我们工作更轻松，更不能使人们认可我们的"苦劳",它只能在所有人面前"彰显和强化"我们的无能。抱怨没有任何用处,而且抱怨越多,结果越糟糕!

既然抱怨是这样致命的一种恶习,这样具有杀伤力的职场恶魔,我们为什么还要抱怨呢?与其抱怨薪水太少,不如想方设法让你的工资信封变厚;与其抱怨老板太吝啬,不如努力成为公司里最会赚钱的人;与其抱怨加班太频繁,不如在八小时之内完成你的工作;与其抱怨公司没有提供发展平台,不如打造自己的核心竞争力……其实,在每一种貌似合理的抱怨背后,都有一种更好的选择,那就是——改变现状。

抱怨不如改变,改变带来奇迹。

"老板真不够意思,我跟着他干了几年啦,工资还没有涨过!这样工作下去,实在太没劲了,我真不想干了!"一位年轻人怒气冲冲地把自己对老板的怨言一股脑儿地说给自己的哥哥听。

哥哥静静地听着弟弟的抱怨,充满关心地看着他,一直等到他诉说了一大通后,才平静地对他说:"我觉得你现在已经养成了抱怨的坏习惯,这对于你的成长很是不利。如果你保持这样的心态,即使不在这里干了,你到别的公司,还是会遇到现在的问题!你唯一应该改变的是自己的心态,不断地提升自己的能力,而不是一味地抱怨和挑剔公司!"

哥哥的话,对年轻人犹如当头棒喝,年轻人陷入了沉思。是啊,如果总是抱怨公司给自己的钱太少,却没有反省为什么老板不给自己涨工资,那么,即使换一百份工作,薪水又能涨到哪里去呢?

于是,他从此开始改变自己,努力把现在的工作干好,不断地提升自己的能力。就这样,通过自己一步一个脚印的努力,他越来越受到公司的重用,薪水也不断地上涨。

后来,这位年轻人离开公司,自主创业,成为了享誉世界的著名企业家。他的名字叫稻盛和夫,日本高科技时代最著名的

企业领袖，被世人称为“经营之神”。

抱怨绝不能改变一个人的命运，如果把抱怨变成善意的沟通，如果把抱怨变成积极的建议，如果把抱怨变成正面的行动，你就会发现，成功其实离你越来越近！

所以，不要再抱怨了，开始改变吧。当抱怨不再控制我们的思想，我们才能牢牢把握自己的命运；当我们不再像鸭子一样喋喋不休，抱怨不停之后，我们已经成为展翅高飞越过人群的鹰；当我们把抱怨的话语变成努力的行动时，成功就在前面不远！

2. 拒绝牢骚，发牢骚讲怪话没有任何益处

牢骚是一种情绪宣泄，它通过尖酸的语言将内心的苦闷、烦劳、激怒喷射出来。牢骚既有消极作用，也有积极意义，它既是一种腐蚀剂，破坏和谐的企业人际关系、上下关系，给企业带来负面影响。同时它又是一道清醒剂，时刻提醒老板和领导检查工作的成败得失，为以后的工作指明方向。

工作太累，或是生活不如意，偶尔发发牢骚，倒也无可厚非，但是经常牢骚满腹、怪话冲天，这就不好了。随意发泄牢骚的背后，伤害的只能是自己的身心。牢骚的背后不仅伤害自己的情感和健康，更会对同事产生负面的作用和影响；牢骚者不满的是现状，折射的却是自私自利的个人内心。

有一句古老的格言这样说道：“如果说不出别人的好话，不如什么都别说。”在现代社会里，埋怨、借口、吹毛求疵和流言蜚语随处可闻、永不止息，归根到底，是因为人们太过浮躁的结果。在生活中，总有一些人自命不凡，心比天高，但在实际工作中，往往又眼高手低。这样的人总是自怨自艾，到头来往往一事无成。当别人取得成绩时，他们嫉妒得要命，认为

如果换自己来做那些工作，一定能够取得更好的成绩。其实，与其羡慕人家的成绩，还不如自己加倍努力。只有这样，才能赶上并且超过别人，成为职场中的佼佼者。

某公司有两个秘书小陈和小张，两人都比较好胜，追求上进，但情况又有所不同。这家公司在业界的口碑很好，发展也很快。在公司里，有能力的员工提升得也比较快。对此，小陈羡慕不已，但他最常做的事就是发发牢骚、讲讲怪话，而自身工作并不怎么努力，所以他遭同事反感、招领导厌烦，自然工作上也只能停在原地打转。

看着被提升的同事，虽然小张也是羡慕不已，他也曾经牢骚满腹，尤其当受到不公平的对待的时候更容易讲一些偏激的话。但时间久了他发现这不能解决任何问题，而且这一习惯有让自己陷入边缘员工的危险。于是，他下决心改掉这一坏习惯，把对别人的羡慕转化为激励自己奋发向上的动力。为了谋求更好的发展，他总是暗暗鼓励自己，悄悄地和同事"较劲"。

小张头脑灵活，做事认真。他平时有记"日常备忘录"的习惯，总是将工作中遇到的事，一些重要的数据以及老板的指示或指令都记录在"日常备忘录"上，并随身携带，以备不时之需。

功夫不负有心人，一天，老板准备做一个报告，临时需要两个数据。于是，他询问了随行人员，可他们报出的数字相差很大，以至于老板都不知道该听谁的好。这个时候，小张不慌不忙地掏出"日常备忘录"，精确地报出了老板所需的数字。大家都不约而同地将钦佩的目光投向了他，老板自然也对他另眼相看。老板认为小张工作认真踏实，做事细致周到，而小张的好习惯又在关键时刻帮了老板的大忙，在无形之中加深了老板对小张的好感。在随后的提升中，小张自然榜上有名。

小张能够获得提升，正是因为他没有像小陈一样只是自怨自艾，而是选择了刻苦努力，用行动证明了自己的努力。

在现实生活中，实在有太多“小陈”式的员工，如果你也是，那么，还是尽快放弃满腹牢骚、怨天尤人的坏习惯吧。只要能把自己打造成为老板必需的实力派人物，那么根本不用自己去拼抢，升迁的机会自然会送找上门来。

3.杜绝敷衍，敷衍了事就会出事

在一些企业和组织机关里，一些人做事总是不用心，对工作能敷衍就敷衍、能应付就应付、能逃避就逃避。“粗心、懒散、草率”等这样一些字眼，是他们工作的主要表现。以这样的态度去工作，其结果可想而知。

敷衍工作在人类的历史上充满着由于疏忽、畏难、敷衍、偷懒、轻率而造成的可怕惨剧。

1986年1月28日，美国的“挑战者号”航天飞船刚升空就发生了爆炸事件，包括两名女宇航员在内的7名宇航员在这次事故中罹难。调查的结果是因一个O型封环在低温下失效所致。失效的封环使炽热的气体点燃了外部燃料罐中的燃料。尽管在发射前夕有些工程师警告不要在冷天发射，但是由于发射已被推迟了5次，所以警告未能引起重视。这次事件是人类航天史上最严重的一次载人航天事故，一些人员对于技术人员的建议敷衍了事，结果却造成直接经济损失12亿美元，并使航天飞机停飞近3年。

无论什么地方、什么行业里，都有人不断地犯疏忽、敷衍、偷懒的错误。像这种由于工作疏忽造成的悲剧，每天都在我们这片辽阔的土地上上演。如果每个人都认真做事，并且不畏困难、不半途而废，那么不仅可以减少不少的惨痛的悲剧，还可以使人们在做事的过程铸就高尚的人格。

2010年5月，在兰州矗立了13年却从未投入使用的“烂尾桥”中立桥被拆除，这一建一拆，政府为此损失2亿元。这样大的损失与当时建桥时质量不过关、草率敷衍不无关系。

兰州是唯一一个黄河穿城而过的省会城市，位于兰州市中心的中立桥是一座由民营企业全资兴建的大桥。1996年，经当时的甘肃省计划委员会批准，甘肃中立经贸(集团)有限责任公司(下称“中立集团”)准备在兰州市城关区黄河中心滩建设集办公、商住、居家、休闲多功能为一体的小区——“兰天园”项目。同时，投资1500万元修建项目配套自建桥中立桥。

作为整个项目的前期工程，投资方首先动工建桥。这座桥由铁道部第一勘测设计院设计，为行人及小汽车专用“钢桁梁悬索桥”。

然而自1997年11月主体结构完工后，大桥一直没有投入使用，也没有维修、养护过，导致桥梁状况不断恶化。2005年10月，兰州市政工程质量监督站委托铁道部大桥局对中立桥进行了系统而全面的检测，发现该桥两边跨吊索倾斜；主塔距地面1.5米左右出现小裂缝；索鞍向河中心偏移；主跨钢梁27号吊杆处下陷，下游侧下弦杆节点办螺栓剪断，焊缝开裂，钢梁线形在此处表现为突变；大桥主跨中钢梁标高较设计有偏差，南塔倾斜0.165米，北塔倾斜0.120米，存在安全隐患。汶川地震发生后，兰州市建设局在例行检查中发现，中立桥的安全状况进一步恶化、公共安全隐患更加突出，于是决定拆除重建。拟新建的黄河大桥需投资1.5亿～1.9亿元，今年8月份动工，一年左右就可以建成使用。这样一拆一建，兰州市政府却要为此付出2亿多元的代价。

中立桥给兰州留下更多的应该是警示，大桥修成后13年未启用就得拆除造成了社会财富的极大浪费，也是当初的项目论证、申报，到后期的建设、使用都没有经过认真论证，没有严把关口的缘故。

这样的教训无疑是深刻的。如果每个人都凭着良心做事，并且不畏困难、不半途而废，那么不仅可以减少悲剧，对自己的前途和未来也更为有利，因为敷衍工作其实就是在敷衍自己。

张毅曾经在一家大型建筑公司工作，他的主管不但是该家族公司集团中的总经理，又是第一位被提拔的非家族成员，他所承受的压力自然可想而知，而张毅作为他的直接下属，更有说不出的压迫感，常常觉得是不是自己不讨人喜欢，以至于老被鸡蛋里挑骨头，因而工作就有了一种敷衍心态。一次，张毅为一个董事会准备资料，他迅速整理了从各部门呈上来的报表，工作很快就完成了。但是当张毅把资料交上去之后，总经理只说了一句话："不用心。"张毅很不服气，他告诉经理他已经好长时间没有按时吃晚饭了。总经理叹了一口气说："你自己对这堆资料满意吗？不满意，你就是在敷衍工作。记住：敷衍工作首先就是敷衍自己。"

总经理的这句话，让张毅如梦方醒，敷衍工作其实就是在敷衍自己，这还不足以让我们警醒吗？

敷衍了事的人不只是工作起来效率较低，自己阻碍了自己发展和进步的道路，而且会给人们留下做事情不负责任、工作粗心大意的坏印象，从而很难获得上司的信任和重用，自然也就无法获得同事的尊重。所以，敷衍工作，实在是摧毁理想、阻碍前进的大敌。一个聪明的员工一定要杜绝这种敷衍的行为，改掉这种敷衍的坏习惯，做一个严肃认真、仔细负责的员工。

4. 绝不拖延，拖拖拉拉做不成大事

拖拖拉拉看似不是大毛病，可这种坏习惯却足以毁掉一个人的一生。这种坏习惯也是老板最讨厌的习惯，因为拖拉往往误大事。一个公司很有可能因为短暂的拖延而损失惨重，这并非危言耸听。

老李是一家药厂质量监督部门的负责人，工作几年来一直兢兢业业，颇得领导的赏识。由于老李工作谨慎认真，该药厂生产的药几乎很少出现质量问题。因此，药厂的生产规模日益扩大，效益不断增长，老李的工作量也越来越大。

有一次，一批新感冒药经审核投放市场后，有部分消费者反映吃完之后有不适反应。厂长找到老李，让他尽快查明原因，并采取相应措施，给消费者一个答复。

可是老李当时以为既然该药已经通过了双重检查，有问题的概率应该很小，部分不良反应属正常现象，因此并没太放在心上。他觉得过两天再处理也无所谓，还是先把手头其他重要事做完要紧。结果没想到，几天之后，问题越来越严重，出现不良反应的人越来越多。并且有人开始投诉该药厂。一时间，闹得沸沸扬扬，药厂名誉一落千丈。厂长知道老李没有及时处理这件事之后非常生气，严厉地批评了他，并免去他部门主任的职务，还扣掉他一年的奖金。

而且，老李不知道，本来厂长是打算下个月起提升他当副厂长的，结果就是因为他一时的拖延而自毁了大好前程。

可见，拖延并不是一种无所谓的耽搁，它足以毁掉一个人甚至一个公司的前程。虽然老李平时工作表现非常好，但这却并不能弥补他一时工作拖延所造成的严重后果。他的拖延不仅毁了自己也毁了整个药厂。

无论是公司还是个人，没有在关键时刻及时做出决定或行动，而让事

情拖延下去，这会给自身带来严重的伤害。那些经常说“唉，这件事情很烦人，还有其他的事等着做，先做其他的事情吧”，那些抱着“今天实在太苦太累太疲倦了，明天再来做吧”的想法的人，最终也会尝到拖延的苦果。要知道，明天还有明天的新工作，所以这样积累下来的工作就会越来越多，这不仅不利于你的工作，也会让老板不满。

小张是一家公司的办公室文员，同时也是老板的秘书。

有一次，老板一早交给他一大沓材料，让他写一份讲话稿，字数5000字左右。这是公司上半年的各项总结材料，内容繁杂，条理不清，光看材料就花掉了他大半天的时间，直到快下班了小张还没有开始动手写。不过，他还是按时下班了。

小张当时想，反正老板也没有限定时间，第二天再写也不迟。没想到第二天，其他的事情把他忙得团团转，根本没有时间写，第三天仍然没有时间。直到第四天，小张才开始动手写。没想到的是，他正不停地敲击键盘时，老板的电话过来了：“讲话稿下午下班时送到我办公室。”

小张一下子发了蒙，下午眼看就要到了，肯定是无法按时完成了。当他推迟了一天，拿着打印好的材料交给老板时，老板的脸色明显不悦：“怎能么拖了这么长时间，这种事情以后要抓紧！”

小张立刻保证：“好的，一定。”然后灰溜溜地退了出来。

办事拖拖拉拉，当天不能办完当天事情的原因很多，比如：场地没有联系好，该找的人没有找到……但如果这样的理由重复了几次后，老板就会认为你没有工作能力，或者是对工作不够尽心尽力，即使你下次确实有这样的理由，老板也会认为你在为自己的懒惰寻找借口。一旦在别人的心目中形成这样的印象，绝对不是一个好兆头。

拖延真是一种害人的陋习，使你前途黯淡，与晋升无缘。一个老板绝不会一而再、再而三地容忍部下办事拖拉，不讲求实效，做不出什么业绩来。老板需要的是强有力的辅助者,而不是优柔寡断的跟随者。

凡事拖延,到最后,你才知道,你因为拖延错过了多少美丽的事情,可明白时却一切都晚了。

深夜,一个危重病人迎来了他生命中的最后一分钟,死神如期来到了他的身边。在此之前,死神的形象在他脑海中几次闪过。他对死神说:“再给我一分钟好吗?”死神问他:“你要一分钟干什么?”他说:“我想利用这一分钟看一看天,看一看地。我想利用这一分钟想一想我的朋友和我的亲人。如果运气好的话,我还可以看到一朵绽开的花。”

死神说:“你的想法不错,但我不能答应。这一切都留了足够的时间让你去欣赏,你却没有像现在这样去珍惜,你看一下这份账单:在60年的生命中,你有二分之一的时间在睡觉;剩下的30多年里你经常拖延时间;曾经感叹时间太慢的次数达到了10000次,平均每天一次。上学时,你拖延完成家庭作业;成人后,你抽烟、喝酒、看电视,虚掷光阴……”

说到这里,这个危重病人就断了气。死神叹了口气说:“如果你活着的时候能节约一分钟的话,你就能听完我给你记下的账单了。哎,真可惜,世人怎么都是这样,还等不到我动手就后悔死了。”

拖延就是浪费时间、浪费生命,让人生一事无成的恶习。

拖延是一种恶习,要戒除这种恶习,唯一的方法就是立即去做,现在就去做,一分钟也不耽搁!养成随手处理事情的作风,消除懒惰的思想,绝不拖延,才能把自己的工作做好,才能做成大事。

5、踏实本分，投机取巧不是聪明而是笨

世界上到处都有一些看起来很有希望成功的人——在很多人的眼里，他们能够成为而且应该成为各种非凡人物，但是，他们最终并没有成功，原因何在呢？

一个最重要的原因在于他们做事往往想投机取巧，不愿意付出与成功相应的努力。他们希望到达辉煌的顶峰，却不愿意经历艰难的道路；他们渴望取得胜利，却不愿意作出牺牲。投机取巧是一种普遍的社会心态，因为投机取巧有时真的可以让他自己得利。

有这样一个故事：有一段时间，老农夫一直用牛和骡子一起耕地，耕作工作相当辛苦。年轻的小牛对骡子说："今天我们装病吧，休息休息。"老骡却答道："不行呀，我们还是努力把工作做好吧，因为耕种的季节很短呀，做完了就可以好好休息了。"

但小牛不听，最后还是装病休息。为此，农夫给它弄来新鲜的干草和谷物，尽量让它舒服些。等老骡耕种回来，小牛便向老骡询问地里的情况，"没有我们俩在一起时耕种得多？"老骡回答道："但也耕种了不小的一段距离。"小牛又问老骡："主人说我什么没有？""没有。"老骡回答。

第二天，小牛还想偷懒，就再次装病。当老骡从田间回来时，小牛又问老骡："今天怎么样？""还不错，我认为。"老骡答道，"但耕种得还不是太多。"小牛又问道："主人说我什么了？""啥也没有对我说，"老骡说，"但是，他却停下来和屠夫说了好长时间的话。"

小牛这才感到了害怕。

的确，在工作中投机取巧也许能让你获得一时的好处，但是从长远来看，对你则是有百害无一利。世界上的成功者，有多少是依靠投机取巧获

得的？也许有一时的成功，但终究是不长久的。一个人一旦养成投机取巧的习惯，他的品格也会大打折扣。工作中总是投机取巧，不愿意付出相应努力的人，不懂得在工作中培养自己的个性，意志无法坚定，因此很难实现自己的个人追求。不想付出与成功相符合的努力，而只想着靠走捷径缩短通往成功的道路，这其实根本不是真正的聪明，而是笨！

真正的成功必须是依靠自己踏踏实实的工作干出来的，没有人可以一步跃上高楼，即使跃上去了，也终究会掉下来，只有踏踏实实一步一步向前迈，才能保证每一步都坚实有力，并一直走向成功。

汤姆·布兰德起初只是美国福特汽车公司一个制造厂的杂工，而他 32 岁就升到了总领班的职位，这得归功于他良好的心态和做事的原则。他做事从不投机取巧，而是力图让自己精确地掌握所有的工作细节，这使他最终成为有“汽车王国”之称的福特公司最年轻的总领班。

刚一进厂，20 岁的汤姆·布兰德就对整个工厂的生产情形进行了全面的了解。他了解到，一部汽车由零件到整车出厂，大约要经过 13 个部门，而每个部门的工作性质都不尽相同。

当时他就想：既然自己决心要在汽车制造行业做出一番事业，我就必须对汽车制造的全过程有一个深刻的了解。于是，他主动要求从最基层的杂工做起。杂工其实不属于正式工人，也没有固定的工作场所，哪里有零活就要到哪里去。但正是因为这项工作，汤姆才有机会接触到工厂的各个部门，并对各个部门的工作性质有了初步的了解。

当了一年半的杂工之后，汤姆又申请调到汽车椅垫部工作。不久，他就学会了椅垫制造工艺。后来，他又相继申请调到点焊部、车身部、喷漆部、车床部等部门去工作。在不到五年的时间，他几乎做过厂里所有部门的工作。最后他又申请调到装配线上去工作。

汤姆的父亲对儿子的举动十分不解。他质问汤姆说:“你已经工作五年了,可总是做些焊接、刷漆、制造零件的小事,你不怕耽误自己前途吗?”

“爸爸,你不明白。”汤姆笑着说,“我并不急于在某个部门当一个小工头。我的目标是领导全厂。为了胜任这个工作,必须花时间了解整个工作流程。我正在把现有的时间做最有价值的利用。我要学的,不仅仅是如何制作一个汽车椅,而是如何制造整辆汽车。”

当确认自己已经具备了管理者的素质时,汤姆决定在装配线上崭露头角。因为在其他部门干过,了解各种零件的制造情形,能够分辨零件的优劣,他的装配工作进行得非常顺利。没过多久,他就成为装配线上最出色的人物。很快,他就晋升为装配线的领班,并逐步成为15个部门领班的总领班。

投机取巧会最终害了自己,无所事事更会令人退化,只有勤奋踏实地工作才是高尚的,才能给人带来真正的幸福和乐趣。

一位先哲说过:“如果有些工作必须去做,便积极投入去做吧!”另一位明师则道:“不论你手边有何工作,都要尽心尽力地去做,千万不能投机取巧!”

工作中的每一件事都应该踏踏实实地去做,才能做出成绩,做到成功,投机取巧是没有用的,即使是最普通的事,你也不应该投机取巧、敷衍塞责,相反,你应该付出更多的热情和努力,思考如何才能把工作做到最好,踏踏实实迈出每一步,认认真真做好每一件事,全力以赴、尽职尽责,才能让自己变得卓越而优秀。

6.注重细节,不起眼的坏习惯也能毁掉人生

良好的习惯对我们的事业、生活大有裨益,是我们前进的动力;而一些看似无伤大雅、无关紧要的、小小的坏习惯也会成为我们进步的阻力,有时甚至会毁掉我们的人生。因为一些貌似无伤大雅的坏习惯,却被老板炒掉,使生意泡汤的故事多不胜数。

比如,有这样一个故事:

有一家工厂做得很成功,产品远销国外。引得国外一家最大的经销商也专门派人到他们厂里来谈合作的事宜。厂长很高兴,派了一位一起创业的副厂长接待。副厂长带着几个外国人在厂区转悠,整齐的厂房,干净的车间,认真工作着的工人,这几位外国代表看得频频点头。就在这时,副总裁嗓子发痒,咳嗽一声,吐了一口痰在地上,然后继续陪着几位代表参观。可是几位代表不看了,抬脚就走人,合作的事也泡汤了。弄得这位副总裁莫名其妙,最后才知道,是因为他的一口痰吓跑了国外的经销代表,他们说“一位厂长都这样不讲卫生,生产出来的产品又有多卫生呢?这让他们心里没底,不敢经销了。”其实厂里的产品真的很棒,只不过这副厂长从农村出来创业,养成了这种习惯,一时难以改过来,当时也没有太注意这件事,这让他也很纳闷,“就为了一口痰,至于吗?”

可事实就是这样,还真的“至于”了。就是因为这样看似微不足道不怎么起眼的坏习惯而毁了一单大生意。可见,别以为坏习惯小,就没关系,坏事的恰恰就是那一点点。

因而,一个优秀的员工更要关注细节,小处也不可随便,改掉那些不良的看似无所谓的坏习惯,人生会更完美。

1. 不可当众搔痒

搔痒的动作实在不雅观。而引起皮肤瘙痒的有病理和生理两方面的原因。其中，体质过敏，皮肤长出奇痒难忍的疱疹，就属于病理性的瘙痒；不管是什么原因引发的瘙痒，当事者都要视当时所处的场合灵活处理。比如说在严肃的场合，就应稍加忍耐；如果实在忍无可忍，则应该离席到比较隐蔽的地方去搔一下，然后赶紧回来。不管怎样，搔痒的动作看起来是很猥琐的，所以应尽量避人行事。根本的解决办法是去看医生，遵医嘱吃药打针，根除瘙痒。其实有些人爱搔痒纯粹是下意识的，他只是习惯了一坐下来就用手东抓西挠，而并没有意识到这是十分不文明的行为。有这种坏习惯的人一定要尽量克服。

2. 要防止发出来自体内的各种声响

生活经验告诉我们，任何发自体内的声响，诸如咳嗽、喷嚏、哈欠、打嗝、响腹、放屁等等，都是不受欢迎、甚至被人讨厌的。当然，有些声响只是在人生病或身体不适时才会产生的，例如，一个患上感冒的人更容易打喷嚏。这时，正确的做法是用手帕掩住口鼻以减轻声响，并在打过喷嚏后，向旁边的人说声“对不起”以表示歉意。但有些声响主要是因当事人不重视、不关心别人的心理所致。比如，有些人会毫不脸红地在大庭广众之下连连打哈欠或者放屁。其实，有这样不良习惯的人有必要加强个人的修养，并积极地改正。

3. 不要将烟蒂到处乱丢

许多人都反感别人抽烟，究其原因，不但是因为吸烟有害健康，还与不少抽烟者缺乏卫生习惯大有关系。有些吸烟者往往不注意吸烟对别人造成的不便。他们也许不了解，不吸烟者一般都讨厌烟味和随风吹散的烟灰，也会因为烟雾引发咳嗽。而带有余烬的烟蒂还常常引发火灾等意外事故。而有的吸烟者会随意地处置吸剩的烟头，不是将它们丢在地上用脚踩灭，就是随手在墙上或窗台上摁灭。这些都使不吸烟者对吸烟者产生一种抵制情绪。因此，吸烟的人有必要自觉地对自己的不良习惯加以纠正,尽量避免给他人造成困扰。

4.切忌随地吐痰

随地吐痰,一种令人作呕的坏习惯。前面我们已经说过一个因为一口痰而毁掉一单生意的故事了。别小看这么一个小小的坏习惯,它的危害可并不小。有些人习惯于将痰到处乱吐,甚至在木地板上也如此,这实在是一种非常不文明行为。随地吐痰之所以惹人厌恶,是因为随地吐痰不仅会弄脏地面,还会间接地污染环境,传播疾病,损害他人的健康。所以,文明的做法是将痰吐入痰盂;如果周围没有痰盂,一是到厕所里去吐痰,吐后立即用水冲洗干净;二是将痰吐在纸巾里,再将纸巾扔进垃圾箱里。

5.切忌四处发嗲

在职场打拼时,有的小姑娘遇到困难,撒撒娇就能蒙混过关,这样的例子,并不少见;可要是撒娇撒得太过分了,就会让人心生厌恶。

6.勿随口说脏话

骂脏话好像是会传染的。有家新组建的公司,员工都是一些非常可爱的小男生小女生。可没过多久,他们就满嘴“国骂”了。原来他们的老板最爱骂这一句。

7.勿借酒撒疯

不少人平常沉默寡言,可三杯黄汤落肚就开始喋喋不休,甚至打架闹事……但酒醒之后往往对自己的举动深感后悔。

这些一喝了酒就胡闹的家伙,他们的自制力已经完全被酒给麻痹了,等到酒精的作用退去之后,根本就不记得自己说过或是做过什么。

然而,一同喝酒的人未必同样醉得一塌糊涂。俗话说“酒后吐真言”,人家有可能将你发酒疯时所说的“醉话”当成是你的“肺腑之言”。酒醒之后,即使你可以不必对自己酒后的行为负责,但也无法使人家忘记你说过的话。

有些酒品不好的人甚至会在醉酒的时候,大肆批评自己的老板。而这些“醉话”一旦传到老板的耳朵里,后果可想而知了。这不是因小失大吗?

8.切忌表里不一

当老板不在的时候,应该是办公室里气氛最轻松的时候。这时候,有人大声说笑,有人说老板的不是,有人甚至大摇大摆地坐在老板的位子上大放厥词……所谓"阎王不在,小鬼当家"指的就是这种情况。

平日里在老板面前唯唯诺诺,只要老板不在就敢如此嚣张放肆,这种人和可怜虫有什么区别?

其实,表里如一并不是很难做到。而且只有将自己的处事态度贯穿始终,你才能获得真正的快乐。更何况这种阳奉阴违的行径终有百密一疏的时候。

> 一群人在开会时憋了一肚子的气,好不容易才解放出来,于是一起跑进洗手间,毫不留情地批评起上司来:
>
> "这总务科长就会奉承拍马,真叫人受不了。跟这种人能有什么好?"
>
> 当时,总务科长就在另一间厕所里。

在生活中,对这种事,你一定会时常有所耳闻。其实不光是洗手间,其他地方,比如员工餐厅、电梯或班车等等,都是容易让人松懈的场所。

所以,在职场,不要表里不一,这样的人让人不敢信任。再说,日久见人心,日子长了,就算你隐藏得再好,老板也不可能不知道。一旦老板知道你是这样的人,那他还会对你放心大胆地提拔和重用吗?

9.不要总是杂乱无章

美国的芝加哥和西北铁路公司总裁罗兰·威廉斯曾经说过:"那些老是在桌上堆满东西的人会发现:如果你把桌子清理干净,只保留和手头工作有关的东西,你就会使工作进行得更加顺利,而且不会出差错。我把这一点称为好管家。这也是迈向高效率的第一步。"

如果你有机会参观华盛顿的国会图书馆,你就会看到天花板上几个醒目的大字:**秩序是防止工作混乱的第一要律。**

实际上,秩序也应成为商界和生活的第一要律。但只要稍加留心,我们就会发现,很多人的桌子上总是堆满了文件和资料,但有些东西他们一连几个星期也不会看上一眼。当办公桌上堆满了乱七八糟的待复信件、报告和备忘录时，你就会慌乱、紧张和忧虑。更为严重的是，一个杂乱无章的办公桌，不仅让人会感到紧张劳累，还会引发高血压、心脏病和胃溃疡，试想这样如何能有工作的高效率？

10. 要分清事情的轻重缓急

有的人总是习惯于遇到什么事就做什么事，做事没计划，也没安排，更没有找到轻重缓急，眉毛胡子一把抓，到头来该做的事没有做，效率低下，还费力不讨好，得到老板批评。这是需要改正的坏习惯。因为只有会办事、才有高效率。有高效率，才容易成功。

经过 12 年的努力，查理·鲁克曼终于被提升为派索公司的总裁，年薪 10 万美元，还有上百万的其他收入。他把成功归结为事先分清轻重缓急。鲁克曼说："我每天总是在早晨 5 点起床，因为这时我的思考力最好。随后我会计划好当天要做的事，并按照事情的轻重缓急妥善安排。"

弗兰克·贝特格是全美最成功的保险推销员之一。每天早晨还不到 5 点钟，他就安排好了当天要做的事。他总是定下每天要做的保险数额，如果当天没有完成，便把没有完成的数额加到第二天的数额中去，并依此类推。

长期的经验告诉我们，没有人能够永远绝对地按照轻重缓急去做好事情。但我们知道，按计划按部就班地做事，总比想到什么就做什么要好得多。

以上列举的只是职场陋习的一小部分，人们在工作中的不良习惯又何止这些。不要以为这些不过是些不起眼的、无伤大雅的坏习惯，可小习惯对你事业的发展一样有重大的影响，有时影响甚至是决定性的。所以，要想在工作中给他人留个好印象，得到老板的青睐、客户的信任、同事的尊重，你就必须改掉这些不良习惯，培养良好的工作习惯，让自己一路顺风，直上青云。

脑筋急转弯

1. 越长越大的是什么球？

仙人球

2. 什么东西日夜奔跑却不离开自己的卧床？

河水

3. 你在吃饭时是用筷子还是用勺子？

嘴

4. 什么东西时刻望上升却不会掉下来？

年龄

5. 什么东西越洗越脏？

泥人

6. 小聪用锅炒红豆和黄豆，然后将豆子倒在盘子里，怎样使红豆和黄豆各占盘子一边？

各一粒

7. 什么“电”不电人？

贺电

8. 最接近人类的动物是什么？

虱子

9. 新买来的羊毛衫上就有几个洞，为什么？

没洞怎么穿

10. 什么东西没有脚却能日夜兼行？

钟表

11.什么东西只有一只脚却跑遍屋子的每个角落?

扫帚

12.什么东西刚死去就跳起了舞?

落叶(飞舞)

13.什么东西能载走一百捆干草却托不起一粒沙子?

河水

14.什么东西没有嘴却能发出声响,没有脚却能跑遍天涯,没有手却打得人发疼,还没出现就过去了?

风

15.什么东西打破以后才能用?

鸡蛋